U0894620

犹太智慧典藏书系

犹太式幽默

犹太笑话中的成功智慧

贺雄飞 著

世界知识出版社

“犹太智慧典藏书系”总序

人类一思索，上帝就发笑；人类不思索，上帝更发笑。

——作者手记

按照普遍的经验，人们对畅销书普遍推崇。某本书的销量一旦超过 100 万册，似乎就肯定了这本书的权威性和价值。然而，纵观人类的思想史和文学史，真理和经典常常不是按统计数字评定的。相反，众目睽睽之下，真理常常被贬抑和扭曲。从而使大众成为非常盲目的消费者，并降低了人类的创造力和追求完美的动力。犹太文学大师卡夫卡说：“假使一本书不能当头棒喝地敲醒我们，那读它有什么用？一本书该像一把碎冰斧，将人类冰封的心灵捣碎。”而犹太哲学家亚伯拉罕－海舍尔也说：“世界上还有什么东西可以跨越时空和距离，将人类联结在一起呢？只有文字是永远不会消失的。”《圣经》曾多次被人用火烧掉，但世界上的基督徒却越来越多。

现代文明已将人类的物质水平提高到前所未有的高度，但人类的幸福度增加了吗？我看未必，而且人类整体的道德水平和思想水平每况愈下。群体愈大，发展的速度愈快，生命的质量愈小。当罗马人造不出漂亮的建筑时，就把它建得很大。这种陋习沿袭至今，每个人的时间表上都排满了活动，简直是与马赛跑，但生活的质量和意义却没有提升。

有一名记者采访一位著名诗人："你是什么时候决定做一名诗人的呢？"诗人指出这个问题问得不对，他说："每个人天生就是诗人，我只不过重复别人做过的事罢了。真正应该问的问题是，为什么其他人会停止了呢？"因此说，多数人年龄越长，思想越僵化。当他们年轻时，对未来人生充满美好的憧憬；然而，到了中年以后，竟然对理想主义者嗤之以鼻，而对一些污秽、龌龊之事却习以为常。为什么会出现这种情况呢？以色列先知耶利米在《圣经－耶利米书》中说："你若与步行的人同跑，尚且觉累，怎能与马赛跑呢？"在当今这个野蛮的物质主义时代，人们忙于应酬和娱乐，灵魂跟不上欲望的脚步，很少有人每天散步省察生命的意义，自然会变得大腹便便，却六神无主、麻木不仁。

2014年1月24日，我在哈尔滨主持"犹太智慧商界领袖沙龙"，期间企业家们提问："人活着的意义究竟是什么？"一位女企业家的回答是："快乐。"我当时问她："难道还有比快乐更快乐的事吗？”曾经，我在读一本书时发现，犹太小提琴大师梅纽因回答了这个问题：“生命的意义在于快乐，我的快乐就是分析作品，想象自己喜欢怎样去聆听；生命的意义在于将我们最迫切的需要升华成艺术，无论是生活艺术还是美食艺术。”梅纽因还说，人类还需要在快乐中不断学习，否则生命的终极意义便会离我们远去。任何人都无法预测死后会发生什么事情，永恒的生命不允许有未来。

我 20 年前开始研究犹太人，也开始了我的流浪生涯。大学毕业后，我分配回内蒙古自治区政府办公厅，然后下海流浪到海南儋州，历尽坎坷后又流浪到北京，在北京也先后搬了十几次家，不到一年搬一次。从 2014 年开始先是返回家乡鄂尔多斯，然后又流浪到包头和乌兰察布，今年则流浪在北京、乌兰察布和呼和浩特之间。我的女儿也和我一样，先是在内蒙，后来到了北京，然后又从中国到了爱尔兰，爱尔兰到了美国，美国到了法国，马上又要从法国到以色列求学。儿子也一直在颠沛流离的状态中成长，不间断地适应着各种不确定的状态和陌生的世界。

犹太哲学家维特根斯坦说：“一个哲学家的最终归宿是火车站。”这难道就是我和孩子研究犹太智慧的宿命吗？犹太人为什么要流浪？就是要寻找一个热爱诗歌，热爱法律，渴慕智慧和真理的地方，寻找一个和谐、幸福，没有雾霾，能实现伟大梦想的地方。

流浪不仅使犹太人越来越有智慧，也使犹太人向全世界布道，同时使犹太人吸取世界文明的精髓。这就是一个流浪者的心灵独白和思想札记，借以记录我 20 多年的研犹历程和前半生的思想收获。

感谢世界知识出版社的罗养毅副总编辑、汪琴副社长和所有责编，也感谢我弟弟贺鹏飞及字里行间书吧迅速让本书系付梓，同时为她插上翅膀飞向每一个热爱犹太智慧的读者的书架。有朋友和有智慧的人永远不会破产，与犹太人为伍就是与智慧同行。

1+1=11 或 111。是为序，与广大读者朋友共勉。

贺雄飞

2015 年 8 月 28 日于北京

目 录

第一章 糟糕的世界

——犹太笑话中蕴含的成功法则…………… 001

一、《塔木德》中的幽默笑话 …………… 003

二、糟糕的世界…………… 019

三、与绝望做斗争…………… 032

四、《快乐书》中的精彩故事 …………… 045

五、犹太笑话中蕴含的成功法则…………… 062

第二章 悲剧式的自嘲

——“犹太式幽默”的深层解读…………… 069

一、人为什么会笑…………… 071

二、幽默的历史演变…………… 084

三、幽默心理学…………… 098

四、笑话中的笑话…………………………………… 113
五、犹太式幽默：悲剧式的自嘲……………………… 140
六、“犹太式幽默”与中国式幽默的比较 …… 153

第三章　人类一思索，上帝就发笑
——犹太幽默大师的智慧 ……………………………… 165

一、表演大师格罗奇的幽默世界……………………… 167
二、大导演伍迪·艾伦的知识分子风格……… 177
三、犹太智者基翁的讽刺“利剑” ………………… 188
四、文学大师卡夫卡的“受难哲学” ……………… 193
五、语言大师卡尔·克劳斯的“黑色幽默”… 202
附：卡尔·克劳斯短文三篇…………………………… 211

幽默是专制独裁者的敌人（代跋）……………… 223

附录：本书主要参考文献……………………………… 227

第一章　糟糕的世界

——犹太笑话中蕴含的成功法则

哭对上帝，笑对世人。

——犹太谚语

笑在脸上，哭在心里。

——《圣经·箴言》

幽默乃是没有保身之术的最后的武器。

——弗洛伊德

一个哲学家得绝症快要死了，于是医生放弃了治疗，但后来这个病人却奇迹般地痊愈了。当医生再次见到他的时候，他正在街上散步。医生问："你从另一个世界回来了？"病人回答说："是的，我从另一个世界回来了，在那里，我看到有非常可怕的惩罚降临在每一个医生身上，因为他们杀死了自己的病人。但是你不必担心，因为我告诉他们，你根本不是医生。"

——以色列·亚伯拉罕《快乐书》

一、《塔木德》中的幽默笑话

《塔木德》(Talmud) 一书是犹太人继《圣经》之后最重要的一部典籍，又称犹太智慧羊皮卷，或犹太5000年文明的智慧基因库，是揭开犹太人超凡智慧之谜的一把金钥匙。

公元70年，犹太民族的圣殿被毁以后，一代又一代的犹太先哲为了生存和民族精神的延续，持续不懈地向其人民宣讲和阐释《旧约》的前五章，称作《摩西五经》《律法书》或《托拉》，也称《犹太教法典》，试图使人民不至于忘记了“上帝的律法”。这些通过口头讲述的内容汇编成集后，也称“口传圣经”或《塔木德》，成书于公元3世纪到5世纪。广义的《塔木德》包括:《密西拿》和《革马拉》，《密西拿》的内容主要是犹太拉比和先哲们对《旧约圣经》的讲解和阐释，《革马拉》的内容则是犹太学者对前者的评述和讨论。《密西拿》共6卷63篇，两者加起来的戒律为613条，其中正戒248条，反戒365条。狭义的《塔木德》单指《革马拉》这一部分，《革马拉》又可分为两大体系：巴比伦《塔木德》与巴勒斯坦《塔木德》，一般意义上的《塔木德》专指巴比伦《塔木德》。

《塔木德》全套20卷，总计12000页，250万字，内容庞杂，卷帙浩繁，头绪纷纭，大至宗教、律法、民俗、伦理、医学、迷信，小到起居、饮食、洗浴、着衣、睡眠等无所不包。它以《旧约》的箴言为开端，接着是神话故事、诗歌、寓言及道德反省和历史回忆，题材广泛，内容鲜活生动，虽然其中三分之一是《米德拉西》，即训诫和道德说教，但让人丝毫不觉得生硬和僵化。如果说《旧约》是一部永恒的书，那么《塔木德》则是犹太人日常生活的伴侣，充满着生命的智慧和化解危机的良谋。它不是史书，却在谈史；它不是人物志，却在述说人物；它不是百科全书，却包罗万象。正是它孕育了西方文明的模式，成为犹太智慧的源泉。与《圣经》、柏拉图的《理想国》、亚里士多德的《政治学》和伊斯兰的《古兰经》，并称为影响人类文明的巨著，是真正的传世经典。

《塔木德》在世界上广泛流传，大约被译成12种语言。尤其是犹太人人手一册，从生到死一直研读，常读常新。它不仅教会了犹太人思考什么，而且教会了他们如何思考。它用一种始终如一的声音，构建了犹太人的世界观。它宛如一位和蔼可亲的朋友或思想深邃的学者，始终和每一个犹太人进行交谈和讨论，并穿透琐细的生活，让人感觉到鲜活的智慧和触及万物的力量。

葡萄园的故事

一只狐狸路过一个四面有栅栏的葡萄园，此时正好饥肠辘辘，看到水灵灵的葡萄垂涎欲滴，可怎么也钻不进去。怎么办呢？于是它三天绝食，饿得精瘦，终于钻了进去，并且在园内尽情享受。等它想出来时，当然又长胖了。无奈只好再次饿肚三天，直到饿瘦了才得以出来。出来后，狐狸长叹了口气说道：“葡萄园啊，你和你的果实对我何用？里面的一切虽然美丽可爱，但与我何益呢？我进去时什么样子，出来时还是什么样子。”

世界也是如此。人来到世上时，他的手紧紧握着，似乎是说：“一切都是我的，我要得到一切。”当他离开人世时，他的手张开了，仿佛是说：“从这个世界上我一无所获。”这就叫撒手人寰。

男人一生的七种变化

一岁时被父母安放在小床上，全家人抱他、吻他，宛如国王；

二三岁时，满地乱爬，泥地上拱来拱去，像头小猪；

十岁时，蹦蹦跳跳，天真无忧，像只快乐的小羊羔；

十八岁时，长得魁梧奇伟，打扮求偶像烈马，希望人人都知道他力大无穷；

结婚后是驴子，背负家庭的重担，低头卖力，缓步前进；

中年时是狗，为了养家糊口，不得不摇尾巴，乞求他人的善行；

老迈之后是猴，弯腰驼背，形同猢狲，行为与孩童无异，但再也没有人想理会他。

没有人能够永远幸福

有个人住进了华沙的一家客店。晚上，他听到邻居家传来音乐和跳舞的声音。

“他们准是在庆祝婚礼呢。”他想。

第二天晚上，他又听到了同样的声音。第三天，第四天，依然如此。

“一个家庭怎么会有这么多婚礼？”他问客店老板。

“那所房子是婚礼大厅。”老板答道，“今天是这家举行婚礼，明天则是另外一家。”

“啊，这正像我们居住的这个世界，”拉比说，“人们都在享受幸福和欢乐，只不过有时是这些人，有时是另外一些人。没有人能够永远幸福。”

说话谨慎

像其他方面一样，犹太教拉比强调讲话时要克制。他们说，一旦说了一句话，就像一支射出的箭，永远也不能收回。

拉比迦马列对他的仆人塔白伊说：

“去集市给我买些好的食物。”

仆人去了，带回一只舌头。

他又告诉仆人说：“去集市给我买些坏的食物。”

仆人去了，又带回一只舌头。

拉比问他：“我说‘好的食物’，你带回一只舌头，我说‘坏的食物’，你也带回一只舌头，这是为什么？”

他回答：“它是善和恶的根源。当它善的时候，没有比它更善的了；当它恶的时候，没有比它更恶的了。”

关于生活的三条忠告

一次，一个猎人捕获了一只能说 70 种语言的鸟。“放了我”，这只鸟说，“我将给你三条忠告”。

“先告诉我”，猎人回答道，“我起誓我会放了你”。

“第一条忠告是，”鸟说道，“做事后不要懊悔”。

第二条忠告是：“如果有人告诉你一件事，你自己认为是不可能的就别相信。”

第三条忠告是：“当你爬不上去时，别费力去爬。”

然后鸟对猎人说：“该放我走了吧。”猎人依言将鸟放了。

这只鸟飞走后落在一棵高树上，向猎人大声喊道：“你真愚蠢，你放了我，但你并不知道在我的嘴中有一个价值连城的大珍珠，正是这颗珍珠使我这样聪明。”

这个猎人很想再捕获这只鸟，他跑到树跟前并开始爬树。但是当爬到一半的时候，他掉下来摔断了双腿。

鸟嘲笑他并向他喊道：“笨蛋！我刚才给你的忠告你全忘记了。我告诉你一旦做了一件事情就别后悔，而你却后悔放了我。我告诉你如果有人对你讲你认为是不可能的事，就别相信。但你却相信像我这样一只小鸟的嘴中会有一个很大的宝贵珍珠。我告诉你如果你爬不上某东西时，就别强迫自己去爬。而你却追赶我并试图爬上这棵大树，还掉下去摔断了你的双腿。这句箴言所说的就是你：‘对聪明人来说，一次教训比蠢人受一百次鞭挞还深刻。’”

说完鸟就飞走了。

一头狮子的故事

从前，有一头狮子，又老又在患病。它的生殖器官患了病，因而它的精神很痛苦，它的命运很难确定，不知是会活下去还是会死亡。

当这头狮子在病痛中，远在天边的所有家畜和兽类都来看望这头狮子。其中一些是出于关心来探望病情，一些是来观其痛苦，一些是来接替它的统治，一些是来了解在其之后谁会成为统治者。

狮子病得十分厉害了，它已不能表示它是活着还是死去了。牛走过来并以角抵伤它，试它的力气是否已用光耗尽；小母牛用它的蹄子踩它；狐狸用其牙齿咬它的耳朵；母羊用尾巴刷着狮子的鬣，并说道："它什么时候死？它的名字也会消亡吗？"而公鸡去啄它的眼睛，并啄碎了它的牙齿。

这时，狮子的灵魂又返回了它的躯体。当它看到它的敌人在幸灾乐祸地注视着它时，它喊道："哎呀，当我信赖的管理者看不起我时，当我的权力和荣誉不再为我所有时，往日的奴仆就在我头上称王称霸了。以前爱戴我的人现在也变成了我的敌人。"

这个寓言说明，当一个人拥有财富和荣誉时，他的朋友都尊崇他。但当灾难降临到它身上时。当他失去势力和丧失地位时，这些爱戴过他的人就会离开他。

朋友们

一个富人有10个儿子。他郑重地向他们宣告，当他快要死去时，他会给他们每个人100第纳尔。

然而，随着时间的推移，他失去了一部分钱，只剩下950第纳尔了。于是，他给了上面的9个儿子每人100第纳尔。对最小的儿子，他说：

“我只剩下50第纳尔了。其中，我还得拿出30个来作为丧葬费。因此只能给你20个。但是我有10个朋友，我把他们告诉给你，他们要胜过1000第纳尔。”

这个人把最小的儿子托给了他的朋友们，不久以后，他就死了，也被埋葬了。

9个儿子各自走了，最小的儿子慢慢地花着留给他的那些第纳尔。当他只剩下最后一个时，他决定用它来招待他父亲的10个朋友。

他们和他一块儿吃了喝了，然后互相说道：“所有弟兄中他是唯一仍然关心我们的一个，他这么好心好意，我们也应该有所报答。”

于是，他们每人给了他一头怀着崽的母牛和一些钱。

等到牛犊生下，他把它们卖掉，用那些钱做生意。上帝赐福，使他比他的父亲更富有。

于是他说 :“确实，我父亲说得对，朋友比世界上所有的钱都更有价值。”

有两个好朋友被战争分开，在不同的国家里生活。一次，其中一位来看他的朋友，因为是从国王敌人的城市来的，他被关了起来，并要被当作间谍处以死刑。

不论他怎么辩白，都没有能够拯救自己，因此他向国王请求恩典。

“陛下，”他说，“请给我一个月的时间，只要一个月，让我回去把事情处理一下。这样，我的家人在我死后就能得到照顾。在一个月的最后一天，我回来服刑。”

“我怎么能相信你能回来呢？”国王回答，“你用什么来担保？”

“我的朋友就是担保。”这个人说，“如果我不回来，他会替我去死。”

国王召来了这个人的朋友，使他惊奇的是，那朋友同意这个条件。

这个月的最后一天，太阳快落山了，那人还没有回来。国王命令他的朋友替他去死。当刀子就要砍下去时，那人回来了，一下子把刀拉到自己的脖子上。但是他的朋友制止住了他。

“让我为你死吧。”他恳求道。

国王深受感动。他命令把刀拿开，赦免了他们两个。

“你们两人之间的友爱竟然如此伟大，”他说，“我请求你们，让我作为第三个成员和你们在一起。”从那天以后，他们就成了国王的朋友。

正是在这一精神中，我们的先哲们才说 ：“给你自己找个伴儿。”

当你交一个朋友时，先考察考察他，不要急于信任他。

有些朋友，当事情对他们有利时，他们是忠诚的，但是有了困难就抛弃了你。

有些朋友倒向敌人一边，使争吵公开，来羞辱你。

还有的朋友吃着你的，但在困难时哪儿也找不到他；当你繁荣昌盛时，他会是你的心腹，跟你的仆人们打得火热 ；但如果你败落了，他就掉过头来反对你，再也不会来见你。

对敌人你要保持距离，对朋友也要留点神。

一个忠实的朋友是一个安全的庇护所，谁找到一个这样的朋友，谁就找到了财宝。

一个忠实的朋友是没有价钱的 ；他的价值不是金钱

所能计量的……

不要抛弃老朋友，新的朋友没有那么多的价值。

新的朋友像新的酒，没有酿成你喝起来就不痛快。

邻　居

有个人动手在他邻居的窗子对面垒一堵墙。

邻居对他说：“你把我的光线给挡住了。”

他回答：“我把你的窗子堵上，另开新的，让它们高出我的墙。”

“不，”邻居说，“这样，你就把我的墙弄坏了。”

“既然如此，”那个人说，“我把你的墙拆掉，一直拆到窗子，重新往上垒，让那上面的窗子高出我的墙。”

“上面新的，下面旧的，墙就不结实了。”邻居说。

“你要是愿意，”那个人说，“我把整堵墙都推倒，垒新墙，开新窗。”

“不，”邻居说，“一座旧房子，一堵新墙，这样不会结实。”

“既然如此，”他说，“让我把整座房子都推倒，造一座新的，开新的窗子。”

“房子拆了，我住哪儿去啊？”邻居说。

“我给你另租一所。”那个人说。

“我不想惹麻烦。”邻居说。

拉比哈玛说，这个邻居在法律上有十足的权利阻止垒这堵墙。

女　人

一位皇帝对拉比伽玛列说:“你的上帝是贼,因为《圣经》上写着：‘耶和华使他沉睡，他就睡了。于是取下他的一条肋骨,造出了女人。’”拉比的女儿对父亲说:“你别管，让我来回答这个问题吧。”她于是对那位皇帝说：“给我派个官员来，调查一桩案子。”皇帝问：“出了什么事？”她回答说：“夜里屋里闯进了贼，盗走了我一只银罐子，却留下了一只金罐子。”皇帝听后喊道：“但愿这样的贼天天光顾我。”她于是反驳说：“那么，一个男人失去了一根肋骨，却得到了一位侍奉他的女人，这不是一件极好的事吗？”

那么，上帝为什么偏偏要用肋骨造女人呢？犹太人的解释是这样的：上帝斟酌了一下该用男人哪一部分创造女人。他说，我不能用头来造女人，以免她傲慢；不能用眼睛来造她，以免她过于好奇；不能用耳朵来造她，以免她偷听；不能用嘴巴来造她，以免她滔滔不绝；不能用心脏来造她，以免她太嫉妒；不能用手来造她，以免她占有欲过强；也不能用脚来造她，以免她四处闲逛；而应该用身体上隐藏的一部分造她，以便让她谦恭。

女人身上有四种品质：贪吃、偷听、懒惰、妒忌。她们还爱发脾气，唠叨不休。女人最喜欢的东西是装饰品，唯一所想的就是美丽。如果男人要讨妻子欢心，就让他用亚麻做的衣服打扮她。女人还沉溺于巫术与迷信。

“正是你使自己的儿子迷了路”

有一名犹太人在一个有妓女光顾的市场开了一家香料店，生意非常火爆。某一天，那名犹太人从外边回来，却发现儿子在和妓女鬼混，非常生气。此时，正好有一位拉比路过，对那位父亲说：“你不做别的生意，偏要开女人喜欢的香料店；你不选择其他地方，偏要选择妓女出没的红灯区。正是你使自己的儿子迷了路，为什么还要大喊大叫呢？”

弟兄之间

有一座山上住着两个农民兄弟。大哥已娶妻生子，住在山的一边；小弟独身一人，住在山的另一边的一间小茅屋里。

有一年，兄弟二人都获得了好收成，大哥看着丰收的庄稼，心里琢磨:“主对我太好了。我有了妻子、儿女，又有了全家都吃不了的粮食。我比我兄弟好多了，他独身一人，生活一定很苦。今晚趁他熟睡的时候，我要送些粮食到他的田里，他不会猜到是我送的。”

在山的另一侧，小弟也在看着他的庄稼想：“上帝对我太好了。但我希望他对我兄长也这么好。他要养家糊口，用的粮食一定比我多得多。今晚趁大哥和他全家睡熟的时候，我要送些粮食到他田里。明天他发现了粮食，肯定不会想到是我送的。”

于是兄弟二人耐心等到半夜，各自扛起粮食爬向山顶。刚好在午夜的时候，两人在山顶相遇。当他们明白了彼此用意后，禁不住喜极而泣。

葡萄酒的故事

诺亚去种葡萄时，撒旦出现在他面前。

“你要种什么？”撒旦问。

“葡萄。”诺亚答道。

“葡萄像什么样子？”撒旦问。

“它的果子无论干鲜总是甘甜的，用它酿的酒可以使人开心”，诺亚回答。

撒旦提议 :“我们一起来种葡萄吧。”

“很好！”诺亚说。

撒旦干了些什么呢?

他牵来了一头大绵羊和一只羊羔，在葡萄藤下面把它们宰杀了。

他又先后牵来了一头狮子、一头猪和一只猴子，也把它们一个个杀了，让它们的血滴到葡萄园里，浸入了土壤。

撒旦以此暗示，一个人在喝酒之前，就像绵羊一样朴实，像羊羔一样温顺。

当他饮酒适量，就会像狮子一样强壮，他会认为世上谁也不如他强。

当他饮酒过量，就会变得像一头猪，在污泥中打滚。

当他完全喝醉时，就变成了一只猴子，手舞足蹈，口吐污言秽语，却不知道自己在干些什么。

知识是甜蜜的

犹太小孩第一次上课，要穿上最好的衣服，由拉比或有学问的人带到教室。在那里，他会得到一块干净的石板，石板上有用蜂蜜写就的希伯来字母和简单的《圣经》文句。孩子一边诵读字母的名称，一边舔掉石板上的蜂蜜，随后，还要请他吃蜜糕、苹果和核桃。此举的目的是告诉孩子，知识是甜蜜的。

二、糟糕的世界

众所周知，犹太人长期流离失所，历尽屈辱和磨难，生活锻炼了他们，他们获得的巨额回报就是：智慧和笑声。他们经历的苦难太多了，无法用长久的泪水和呻吟反抗严酷，只有笑声才能保护他们，只有笑声才能化解苦难。

犹太人哭对上帝，笑对世人；笑在脸上，哭在心里。因此，他们的笑声中不仅有浓浓的悲剧情调，而且充满着对生命的讽刺和批判，并蕴含着独特的智慧。他们在笑声中自我调侃着，净化着自己的灵魂，缓解痛苦，娱乐身心，追寻着生活的尊严。这就是世界上最高级的幽默——犹太风趣。

糟糕的世界

一名犹太人在逾越节前夕到裁缝处定做一条裤子。这名裁缝手艺很好，顾客盈门，所以总是不能按期交活。因此，这名犹太人担心没有新裤子过节。逾越节前一天，犹太人终于在裁缝处拿到了新裤子。他说道："谢谢你按时完活。但是，你看看上帝，只花了6天时间就创造出宇宙和整个世界，你为什么竟用了6周才做成这样一条简单得不能再简单的裤子呢？"

"哦，先生啊！"裁缝激动地回答，"你看看这条裤子的制作是多么精细，你再看看上帝的手艺是多么糟糕啊！"

谁的职业最古老

有三个朋友，一个是建筑师，一个是外科医生，一个是政客。他们一起前往海边钓鱼，等鱼上钩的时候，他们热烈地争论着"究竟谁的职业最古老"这一问题。

外科医生抢先说道："上帝不是从亚当的胸膛里取出一根肋骨才造出了夏娃吗？理所当然，外科医生是最先为上帝服务的。"建筑师当仁不让，争辩道："不对，那之前，天地一片混沌，是建筑师让世界恢复了秩序。"

最后，政客不慌不忙地说："你俩都晚了，是谁制造出混沌的？那不就是我们政客嘛！"

基辛格的衣服

基辛格当美国国务卿期间，一天他收到了一位崇拜者寄来的一件礼物，这是一匹质量很好的布料，很适合做一套男士服装。这个礼物的赠送者向基辛格提议，不论基辛格先生何时到伦敦，都可以把布料带到伦敦的一家裁缝店去，为自己定做一套衣服。

几个星期后，基辛格到达了伦敦。

他把布料拿到牛津大街一家久负盛名的裁缝店。然而，打开布料后，这家店的裁缝告诉基辛格，他很抱歉，因为这匹布料不够给他裁一套衣服。基辛格很失望地拿着布走了。接下来他又访问了巴黎和罗马。这两个地方的裁缝同样这么告诉他。

几个月之后，基辛格访问以色列的特拉维夫市。他决定在那儿试试运气。他找的裁缝先生仔细量了量布，然后又仔细地量了量基辛格的尺寸，最后说："没问题，我们可以给您做出一套漂亮的衣服，一件夹克衫，一条裤子，一件马夹，而且还可能用剩下的布料再给您做条裤子。"

基辛格十分震惊。他告诉这位以色列裁缝他在伦敦、巴黎和罗马的遭遇。这位老裁缝点了点头，随后温和地说："噢，我明白了，先生。不过，对我们以色列人来说，您并不是一个顶天立地的大人物，但对其他地方的人来说可能是。"

界定“会议”

一个以色列小男孩问他的父亲——一位以色列外交使团的成员：“爸爸，一个会议是什么意思？”

“一个会议是指人们聚在一起讨论重要的事情，然后决定——再举行一个会议。”

犹太人就是以这样的口气，调侃着上帝，调侃着世界，调侃着一切。

拉比与开比

有两个人死在以色列：一个是拉比，另一个是开比（出租车司机 Cabbie 的音译）。他俩碰巧是邻居，都住在耶路撒冷，彼此认识已有好多年了。幸运的是，他俩都是正人君子。现在，他俩又在犹太人常说的“天国”里见面了。

拉比注意到的第一件事就是：他在尘世的朋友现在住着漂亮宽敞的房子，而他住的却是简陋的小木屋。

拉比伶牙俐齿，擅辞令，他找到天国的管事大加抱怨：“难道我不是一个好人？”他质问道，“难道我没有为上帝的工作而辛苦了一辈子？这是对我的公平待遇吗？”

天国的管事们简略地商讨了一下，其中一个说道：

“拉比，事实说明问题。记录显示，当你讲经布道时，每个人都打瞌睡；而当这位出租车司机开车时，他的所有乘客都不停地使劲祷告。”

拉比是犹太人中最令人尊敬的职业，但是犹太人同样不放过他们，就仿佛前边以色列人对基辛格的调侃一样。因为，犹太教最忌讳的就是偶像崇拜，除了上帝，他们不神化任何人。

处理钱的办法

一个拉比，一个神父，一个牧师，坐在同一辆火车上。他们在一起谈论着各自的教徒和天命。拉比说，犹太教堂没有设募捐盘，不过很多教堂都有一个可以放捐款的施舍箱。

牧师说，他总是在办公室的地板上画个小圈，然后把募捐盘里的钱币拿出来抛向空中。“恰好落在小圈里的是给上帝的，剩下的是给我的。”

神父说他也是这么做的。拉比接着说：“我所做的与你们的略有不同——我把钱扔向空中，上帝能接到多少就拿多少——剩下的就是给我自己的。”

一张替换的支票

有一个很富有的慈善家，一生资助过许多宗教团体和教育机构。他感到自己正走向生命的终点，于是叫来了三个朋友。这三个朋友，一个是犹太教的拉比，一个是新教的牧师，一个是天主教的神父。在过去的很多年里，这三个人一直在引导他为各种各样的事业捐助。

那个垂死的人告诉这三个教士，自己在遗嘱中已为他们三人各自所支持的种种机构拨出了资金。不过，他对他们也有一个请求——当他的棺材放在地底下时，他们三人每人把一个装满 3000 美元现金的信封放进坟墓，与他一块儿入土。

“我知道这听上去很好笑，”他声音微弱地说道，“可是如果我真的要去另外一个地方，我可能需要钱用。”然后，他递给三人每人一个信封。

当天夜里，他死了。他的葬礼很快就举行了。葬礼之后，这三个教士聚在一起交换意见。牧师说：“你们知道，我们极其需要一个新屋顶——我只放了 1000 美元进去。”神父也坦白说：“我也一样——我们的学校今年开销特别大。”拉比说：“我倒是把整整 3000 美元放进去了——不过我拿走了现金，只用了一张支票。”

免费理发

镇上有一家新开张的理发店。有一天，一个天主教神父走进这家理发店。理完神父的头发以后，理发师不肯收他的钱，说："不收教士的钱。"

第二天，神父给理发师送来了一瓶叫约翰尼沃克的酒。

过了几天，当地的一个新教牧师也走进这家理发店来理发。这次，理发师又没有收费，并且作了和上次同样的解释。第二天，这位牧师给理发店送来了一棵十分可爱的植物。

又过了一周，一个拉比走进来理发。理发师又不收他的钱。过了一周，这个拉比给理发师带来了另一个拉比——来免费理发。

金钱的测试

一位无神论者来看拉比。

"您好，拉比。"无神论者说。

"您好！"拉比回礼。

无神论者拿出一个金币给他，拉比二话没说装进了口袋里。

“毫无疑问你想让我帮你解决一些事情，”他说，“也许你的妻子不孕，你想让我帮她祈祷。”

“不是，拉比，我还没结婚。”无神论者回答。

于是他又给了拉比一个金币，拉比二话没说又装进了口袋。

“但是你一定有些事情想问我，”他说，“也许你犯下了罪行，希望上帝能开脱你。”

“不是，拉比，我没有犯过任何罪行。”无神论者回答。

他又一次给拉比一个金币，拉比二话没说又一次装进了口袋。

“也许你的生意不好，希望我为你祈福？”拉比期待地问。

“不是，拉比，我今年是个丰收年。”无神论者回答。

他又给了拉比一个金币。

“那你到底想让我干什么？”拉比迷惑地问。

“什么都不干，真的什么都不干，”无神论者回答，“我只是想看看一个人什么都不干，光拿钱能撑多长时间！”

只有傻瓜才问过多的问题

在斋戒日里，一个生病的犹太人去看拉比，希望得到允许吃东西，因为他得为他的健康考虑。但是当他走进拉比的房间，吃惊地看到拉比正开怀大吃。

“拉比，”他结结巴巴地说，几乎不相信自己，“我是一个病人——我今天还要斋戒吗？”

“什么问题！”拉比回答，嘴里满是食物，“你当然要斋戒！”

好一会儿这个病人站在那里，不知是该进还是该退。最后，他鼓起勇气问：“请原谅我的无礼，拉比，你怎么能命令我斋戒而你却在吃饭？”

“因为我还不够傻，不需要去问拉比。”拉比带着一丝微笑，继续吃饭。

学问的一种用处

一天，一个陌生人走进了研究室，以前没有人见过他。

他默默地走到书本堆积如山的书架旁，开始一本一本查起来，有一卷卷的犹太法典，还有许多著名学者的著作。

那时，研究室里都是学者。

他们惊讶地看着那个人。

“他一定是位渊博的学者！”

其中一位充满敬畏地小声说。

“我这辈子还没见过一次引用这么多经典的学者！”另一个人吃惊地说。

陌生人整齐地摞起他的大部头书籍，接着爬上书本的顶端，从书架顶上把一块藏在那儿的干奶酪拿了下来。全场一片哗然……

犹太人最讨厌的是不学无术的人，最担心的是读死书的人。

学者间的礼仪

一个富翁有一次请两个饥肠辘辘的学者喝茶。他们来了，在桌前坐下，开始讨论起经文来。除此之外，犹太人还有什么其他的消遣吗？正当他们争论不休的时候，女主人进来在他们的茶杯前放上柠檬，接着她又拿来一个盘子，上面放有两块饼干，其中一块比另一块大一些。学者们都知道礼仪很重要，于是都不愿意第一个去拿。

其中一个大度地说：“扬克尔先生，您先请！”

“不不！依萨克先生，您先来！”扬克尔也彬彬有礼地说。

最后，推脱了好久，扬克尔突然伸手拿了一块饼干——可他挑的是大的那块。

依萨克惊呆了。

“这是怎么回事，扬克尔先生，”他委屈地责备说，“像你这样的学者竟然完全没有用餐礼仪。怎么能如此粗鲁地先拿了大块饼干，而把小块的留给别人呢？”

“那，要是换了你，你会怎么做呢？”扬克尔问道。

“你这话什么意思？作为一个懂规矩的人，我当然会挑小的那块。”

“哦，你正是得到了小的那块呀，”扬克尔高兴地说，“那你还这么生气干什么？”

现实主义者

奥地利的硝烟散尽之后，拿破仑想要犒劳那些在战役中英勇无畏的不同民族的人们。

“说出你们的愿望来，我将以此犒赏你们，我的了不起的英雄们！”

皇帝大声说道。

“把波兰归还我们吧！”一个波兰人嚷道。

“它是你们的了！”皇帝应道。

“我是个农夫——给我土地！”一个可怜的人叫道。

“土地是你的了，我的孩子！”

“我想要个啤酒厂。”德国人说。

“给他一个啤酒厂！”拿破仑下了命令。

然后轮到了一个犹太士兵。

“呃，年轻人，你想要什么？”皇帝脸上带着鼓励的微笑问道。

“如果能够的话，陛下，我想得到一条非常漂亮的青鱼。”犹太人怯生生地咕哝着。

“哎呀呀！”皇帝叫道，耸了耸肩，“给这个人一条青鱼！”

皇帝离开以后，那些英雄们围住了犹太人。

“你多傻啊！”他们责怪他说，“想想看，当一个人想要什么就能得到什么的时候，你却只要了一条青鱼！你也太辜负皇帝的美意了吧？”

“我们倒是看看谁是傻瓜！”犹太人回敬道，“你们要波兰的独立，要农场，要啤酒厂——这些东西你们根本不可能从皇帝那里得到的。而我呢，你们看，我是一个现实主义者，我要一条青鱼——也许我就能得到。”

奇迹是如何发生的

约瑟和曼代是一个小村庄酒铺的合伙人。这一天，他们卖完存货，便一起驱车去城里采买了一桶威士忌。

在回家的路上天气渐渐冷起来，刮起大风，两个人互相开玩笑说对方想喝威士忌。但是要真那样做可是个严重的问题。他们装酒的时候就曾严肃地约定，谁也不能先喝一口，因为那是他们一周的生活来源。

约瑟可是个聪明的家伙。他翻了翻口袋，找到了5毛钱，于是他对曼代说："给你5毛钱，从你那一份酒里卖给我一点儿喝。"曼代是个生意人，他回答道："既然你付现金，那我自然要卖给你的。"

于是他舀了一杯酒给约瑟……

约瑟喝了酒以后不久，暖和了起来，而且变得很兴奋。曼代的鼻子因为冷而变得更青了。他真忌妒该死的约瑟能那么幸运地找到5毛钱！

突然，他碰到了口袋里的那枚5毛硬币。现在，这钱可是我的啦，他自言自语道，为什么我不能拿它买酒喝呢？于是他对约瑟说："约瑟，给你5毛钱，从你的那一份里给我倒点儿酒喝。"

约瑟也是个生意人，应声道："有现金就行。"

他给曼代舀了一杯酒，收回了他那5毛钱硬币。

约瑟和曼代就这样用那唯一的5毛钱互相买酒，你一杯我一杯喝了一路。等他们到酒铺时两个人都喝得醉醺醺的了。

"真是个奇迹啊！"约瑟嚷道，"想想看，整整一桶威士忌才花了5毛钱！"

三、与绝望做斗争

俄国作家安德烈耶夫有一篇短篇小说《墙》，它用象征主义的手法描写“我和另一个麻风病人”在黑夜里爬行于黑沉沉的大地上。突然，一堵顶天立地的墙出现在面前，把天空和大地一截两半。他们“拼命用自己的胸膛去冲撞这堵墙，伤口滴出的鲜血把这堵墙染得通红，但墙却依然静静地耸立着，岿然不动”。于是，人与墙的搏斗开始了，这个“我和另一个麻风病人”夜以继日地“以头撞墙”，只有黑沉沉的夜，“把黑洞洞的无底深渊、傲慢地岿然不动的墙以及一小撮战战栗栗的可怜人照得通亮”。有的人“把墙视作朋友，紧紧地贴到它身上，把它当作靠山，求它保护自己；可是这墙却一直是我们的仇敌”。在与墙搏斗时，发生了一系列恐怖的不幸，有哭泣、有鲜血、有愤怒、有诅咒，也有欢乐和爱情。然而，我们与墙的搏斗注定是无望的，这个“我”只能说：“我们人很多，我们的生活都不堪忍受。就让我们用尸体铺满大地吧。”他们同其他的搏斗者一起，每隔一定时间就用前额撞一次墙，他们感到，自己虽然在搏斗中渐渐死去，但自己“是永生的，恰如上帝一样”[①]。

安德烈耶夫笔下的墙，象征意义很丰富，我们可以作出无穷遐想。但真正提出“以头撞墙”和“绝望哲学”的却是另一个俄罗斯犹太大哲学家列夫·舍斯托夫。在20世纪璀璨闪烁的思想群星中，列夫·舍斯托夫（1866～1938）作为一位著名的宗教哲学家，非常令人瞩目。他大胆质疑西方自古希腊以来尊崇理性的传统，标举信仰为其思想旗帜，重视个体的人，关注个人的苦难与绝望，其一系列思想对我们颇具启发性。

舍斯托夫非常关爱俄罗斯作家，尤其推崇契诃夫。舍斯托夫指出，尽管有人指责契诃夫的小说主人公都是“倒在地板上，哭喊着，并以头撞墙”，但面临绝望的尴尬境地正是人类真正的处境。真正的哲学不是源于惊奇，而是源自绝望，人只有面临绝望的深渊，才能领悟生命的真谛。据说，舍斯托夫大约在12岁时，曾被一伙人绑架为人质，以向其父勒索巨款。然其父不知什么缘故，竟然没有答应绑匪的条件，以致舍斯托夫被绑架半年之后才被释放，但是这半年中的生死考验，无疑给他幼小的心灵留下了严重的创伤，打下终生难忘的烙印，成为他产生“绝望哲学”的潜在动因。再加上他身为犹太

① 刘小枫：“从绝望哲学到圣经哲学”，《走向十字架上的真》，上海三联书店，1995年1月版，第1页。

人，从小身处异族文化圈的“边缘人”处境。对于俄国人，他是犹太人；对于法国人，他是犹太人。终生的无家可归和漂泊流亡，使他深悟生命的况味。在舍斯托夫看来，现代人从来没有如此软弱无力和疲惫不堪。在漫长的人类历史中，人们害怕孤独与黑暗，畏惧死亡与深渊，人类的苦难比海洋中的沙子更沉重，人的生命仍比所有的客观规律价更高。他关注着个体的人，关注着每个人的喜、怒、哀、乐、绝望与呼告，孤注一掷地走向《圣经》，并向先知和上帝发出呼告，希望通过信仰来战胜绝望和宿命。正如他在《论绝望与可能》中所言：“不要讥笑，不要哭泣，不要诅咒，而要理解……如果谁有即便是芥粒大小的信仰，那么他就能移山填海。只有纯粹的人类勇敢精神，才能因为荒谬而控制一切有限。这就是信仰的勇敢精神……信仰并且只有信仰，才能摆脱人的罪孽；只有信仰，才能使人从必然性真理的支配之中脱离出来，而必然性真理掌握了人的知识是在他尝了禁树之果以后；只有信仰才能赋予人以勇敢无畏和力量，去正视死亡和疯狂，而不是优柔寡断地向它们顶礼膜拜。因为，只有可能性才敞开了拯救之路……归根到底只剩下一条：对于上帝，一切都是可能的。只有这时才敞开了信仰之路。只有当人看不到任何可能性时，人们才去信仰。上帝就意味着一切都是可能的，而一切都是可能的，也就意味着上帝。只有身心受过震颤，变成精神的人，才能理解一切都是可能的，也只有这样的人，才能接近上帝。”①

德国犹太思想家瓦尔特·本雅明（1892 ~ 1940）生前默默无闻，但自杀后由于其友人舍勒姆、阿多诺②和阿伦特③等人的大力宣扬，逐渐声名鹊起。他是一个生长在德国、用德语阅读和思考的犹太人。卡夫卡④将这种土生土长的德国犹太人心理描述为，后腿依然站在父辈的犹太教上，但前腿却找不到新的立足点。不理解这种处境和心态，就无法理解本雅明、卡夫卡这样的思想家。他们无法用德语表达出这种在德国文化环境中所感到的孤立、排斥与他乡之感，但除了德语，他们又无以选择。因此，他们生活在“三种不可能之中……不可能不写作”，因为只有通过写作才不会泯灭他们的灵感；“不可能用德语写作”，卡夫卡认为他们使用德语是“公

① [俄]列夫·舍斯托夫：《以头撞墙——舍斯托夫无根基生活集》，方珊等译，陕西师范大学出版社，2003 年 10 月版，第 1 ~ 7 页。

② 西奥多·阿多诺（1903 ~ 1969）：犹太哲学家，是一位思想领域的全才，法兰克福学派的先驱者。

③ 汉娜·阿伦特（1906 ~ 1975）：著名犹太女思想家，代表作有《极权主义的起源》和《艾希曼在耶路撒冷》。

④ 弗兰兹·卡夫卡（1883 ~ 1924）：犹太文学大师，与普鲁斯特和乔伊斯并称为“现代文学的三个奠基人”。

开地和隐蔽地甚至可能是忐忑不安地侵犯别人的财产。这不是正当获得的，而是偷来的，顺手捡来的。即使不会被挑出任何语言错误，而它依然是别人的财产”；“不可能用别的方式写作”，因为没有其他可供使用的语言。甚至“还可以补充上第四种可能，即不可能写作，因为这种绝望不是可以通过写作来减轻的”[①]。犹太人问题在他们这代人身上看起来似乎不可解决，因为他们不想也无法“回归”犹太人的行列或者犹太教，因为他们对一切传统、文化和一切“归属”都表示怀疑。所以，可供选择的反叛方式只有犹太复国主义和共产主义。这也在很大程度上解释了为什么在他们的字里行间总是透出一种绝望。因为，无论是犹太复国主义还是共产主义，常常陷入一种困境，而且两者之间常常很对立[②]。

本雅明的身上有多重思想面孔：他学识渊博，却不是学者；研究语言理论，却不是语言学家；批判哲学传统，却不是哲学家；翻译普鲁斯特、圣琼·佩斯和波德莱尔的作品，却不是翻译家；他研读犹太教经典，却不是神学家。但反过来说，他又兼有所有这些身份。此外，他还有多种角色：“在纳粹德国，他是一个犹太人；在莫

① [奥地利]卡夫卡：《卡夫卡书信日记选》，叶廷芳，黎奇译，百花文艺出版社，2009 年版，第 336 ~ 338 页。

② 秦露：《文学形式与历史救赎》，华夏出版社，2006 年 1 月版，第 8 ~ 9 页。

斯科，他是一个神秘主义者；在欢乐的巴黎，他是一个冷静的德国人。他永远没有家园，甚至没有职业……”① 正如一位学者所言：“本雅明被今天各种不同的人分别视为历史唯物主义、否定神学或文学解构主义的权威学者，但是他本人从来没有找到一个政治、宗教或学术的家园。”②而本雅明自己则认为，他身上具有人性与犹太性的双重性：“我是一个犹太人，并且，如果作为一个有意识的人而活着的话，我作为一个有意识的犹太人而活着。”他认为，“犹太人代表着知识分子的精英”，“对我来说犹太性在任何意义上都不是目的自身，而是思想的高贵承担者和代表者”。“当代思想文学的犹太人”，是“具有创造性的文化——犹太人”。③

随着第一次世界大战的爆发与结束，战争被同时代的知识分子看作西方文化的崩溃和技术与文明的胜利，本雅明则把它看作一场大火，以破坏性价值的名义威胁着吞灭所有资本主义文化。本雅明在战争期间发展的语言弥赛亚理论，和同时期布洛赫在《乌托邦精神》中的神学弥赛亚无政府主义，都是在犹太文化哲学的潜在灭

① 理查德·卡尼：《论瓦尔特·本雅明》，收入刘北成：《本雅明思想肖像》，中国人民大学出版社，2012 年版，第 326 页。

② 同上书，第 326 ~ 327 页。

③ 拉宾巴赫：《在灾难的阴影下：天启与启蒙之间的德国知识分子》，第 40 ~ 42 页。

绝面前的表达。“这个时代没有一种形式允许我们沉默的表达。但是我们感到自己被无言所捕获。我们鄙夷文字表达的轻松不负责任。”[①] 1916年，他在一封信中绝望地写道：“我们处在暗夜之中……战争威胁着从我们手中夺走一切，艺术、真理、正义。”“我曾经试图用言词和它（暗夜）搏斗，……但我随后知道了无论是谁，与黑夜搏斗就必须要抽走最深的黑暗，以便产生出光，在这一巨大的努力中，言词只是其中一站。”[②] 1919年三四月间，本雅明和布洛赫相遇了，此时两人都开始把隐微的智识主义的语言作为世俗—神学的弥赛亚主义的表达。但是两人在政治领域有冲突，即内在于弥赛亚观念之中的伦理两难。虽然同是犹太人，但布洛赫是一名社会主义者和马克思主义者，而本雅明始终对政治抱有拒斥的态度，他的语言哲学是反政治的，他通过语言救赎反对马丁·布伯[③]的个人犹太教的思路关闭了通往行动的道路。同时，他还拒斥布洛赫的此世末世论和乐观的乌托邦主义，认为布洛赫的《乌托邦精神》一书存在着一种基督教与犹太教弥赛亚主义的混合。他拥护更加悲

① 拉宾巴赫：《在灾难的阴影下：天启与启蒙之间的德国知识分子》，第43页。

② 同上，第51页。

③ [奥] 瓦尔特·马丁·布伯：20世纪最有影响的犹太哲学家和教育家，代表作有《论犹太教》《人与人》和《我与你》。

观的结论："由于自然与孩子的缺席，人类注定要抵达灾难性的自我毁灭。"[①]但是，无论是本雅明还是布洛赫，都具有利奥·拜克所说的"弥赛亚式的反讽"：对救赎的确信和凄凉的悲观主义，因为这种确信要求"只有那些被这种悲观、这种嘲笑、这种抗议和这种反讽所感染的人，才是真正的坚守未来，并引导世界朝向未来更迈进一步的伟大的乐观主义者"。[②]语言是救赎的中介，但历史是灾难的剧场。

为了在"熟睡的忘却"之中不再感到痛苦，本雅明终于在德国民谣中找到一个"驼背小人"，他的深刻意图是将它作为一种传统，"既是德国的又是犹太的"，[③]也就是说，将在尘世中因等不到弥赛亚救赎而痛苦扭曲的人，变成快乐的驼背小人，因为"当弥赛亚来临的时候，他就会消失（一位伟大的拉比曾说），弥赛亚并不希望通过暴力改变世界，而仅仅希望在其中做一点点调节"。[④]之所以本雅明把这个"驼背小人"当作德国传统和犹太传统的交融，是因为他生存于此世，并不等待和盼望着另一个世界的到来。所以，他对生活在幻想中的人报以

---

① [德] 瓦尔特·本雅明：《陀思妥耶夫斯基的〈白痴〉》，第 81 页。

② [同上]，第 62 页。

③ 本雅明：《弗兰茨·卡夫卡：纪念卡夫卡逝世十周年》，第 812 页。

④ 同上，收入《经验与贫乏》一书，百花文艺出版社，1999 年 9 月版，杨劲，王秉钧译，第 812 页。

大声的嘲笑：

当我进入我的房间，
去铺我的小床，
一个驼背小人在那里，
笑得浑身打颤。

这笑声来自尘世之自然与无辜的生命对一切超验幻想的回答，所以，这个传统是德国式的笨重；但另一方面，嘲笑过后，他“并不希望通过暴力改变世界，而仅仅希望在其中做一点点调节”，所以，

当我跪在我的垫凳之上，
我想要祈祷，
一个驼背小人就在房间里。
他开始说：我亲爱的孩子，我请求你，
也为驼背小人而祈祷。

“祈祷”不是企求拯救，而是祝福，完全尘世式的祝福，虽然保留了希望，但不再具有超验色彩，是完全没有神存在的人的世界的希望，表明了一种绝望，很难等到“弥赛亚”的拯救。后来，本雅明又讲了一则犹太人的故事：

据说，有一个信哈西德教派的村子，一个安息日的傍晚，犹太人坐在一家破旧的小酒馆里。他们都是村民，只有一个人谁也不认识，他看起来很可怜，衣衫褴褛，蹲在一个阴暗的角落里。大家你一言我一语地聊了起来。有人提议，每个人都说说自己的愿望。头一个想有钱，第二个人想有个女婿，第三个人想有个木工刨台。就这样轮着说。每个人都说了，只剩下阴暗角落里的那个乞丐。在大家的追问下，他终于不大情愿，犹犹豫豫地回答道："我希望，我是一个大权在握的国王，统治着辽阔的疆域，深夜躺下了，我睡在我的宫殿里，敌人从边界进犯，天还没亮，就已攻到了我的城堡前，城堡里毫无抵抗，我从睡梦中惊醒，连外衣都来不及穿，穿着衬衣就踏上了逃亡之路。我走过高山深谷，越过森林丘陵，一刻也不停歇，昼夜奔跑，直到我到了这儿，蹲在你们角落的这条凳子上，得救了。这就是我的愿望。"其他人都迷惑不解地互相看看。——"那你从这个愿望得到了什么？"有人问。——"一件衬衣"，这就是回答[1]。

① [德] 瓦尔特·本雅明：《弗兰茨·卡夫卡》，收入《经验与贫乏》，百花文艺出版社，1999 和 9 版，杨劲，王秉钧译。第 372 ~ 373 页。

这个故事令人称奇之处，不在于他的愿望是一件衬衣，而是他为了得到一件衬衣，所愿意付出的漫长而艰辛的过去，人只有在过去中才能把握自己，哪怕是彻底失败的过去，哪怕这个过去已经彻底成为过去，而不再可能重新获得，这个过去也不应该丢弃。这就是现代人对于传统的态度，或者说应该具有的态度。在这个时候，本雅明早年的弥赛亚已消失，物质满足已成了他心中的救赎之道。看来他是彻底绝望了。

1939 年秋，虚张声势的战争[①]开始，本雅明被作为敌国公民拘留在一个法国营地。接下来的一年里，他拒绝了前妻邀他一起去英国的恳求，千方百计地寻求前往美国的签证。1940 年 5 月，德军进攻法国，6 月本雅明开始四处逃亡，起初去劳德，后来又到了马赛。8 月份他终于在霍克海默的帮助下获得了签证，但是却找不到船只离境。接近 9 月底的时候，他试图与一群难民一道穿越比利牛斯山脉，却在波港遭到了西班牙边境士兵的阻挡。当天夜里，本雅明服食了过量的吗啡而身亡。第二天，同行的其他人安全地通过了边境[②]。

---

① 虚张声势的战争，当时盟军前线有众多英法军队，但几乎对德国人入侵波兰未采取任何行动，故被视为虚假的战争。

② [美] 马克 · 里拉：《当知识分子遇到政治》，邓晓菁等译，新星出版社，2005 年 11 月版，第 104 页。

法国思想启蒙家、哲学家伏尔泰说过：“当一切希望都失去了，死亡成了一项责任。”对犹太人不应该是这样，当一切希望都失去时，他们又找到新的希望。即使在绝望中，他们也尝试为希望辩护，本雅明只不过是一个心急的犹太人。哥伦布发现美洲大陆的时候，是犹太人离开西班牙进入放逐的同一年，因为他不得不为自己的犹太同胞寻找新的避难所[①]。哈西德教派是犹太人的一个主要教派，一天，一位伟大的拉比到乌克兰的一个村庄看望受迫害的教众。许多人向他谈起被屠杀的家庭、被活埋的孩子和被亵渎的葬礼。大师听着，摇摇头说：“我知道，我知道你们想要什么。我知道，你们想要我痛苦地喊叫，绝望地哭泣，我知道，我知道。但我不会，你们听我的，我不会。”接着，在一段久久的沉默之后，他还是开始喊叫了，并且越叫越响：“Gewalt，Yiden，zeit zich nit meyaesh！犹太人，为了上帝，不要绝望……犹太人，不要绝望！”在华沙的贱民区里，每天有成千上万的犹太人被杀害，然而哈西德教派的教众被催促——实际上是被命令——不要绝望！因为犹太人三千年的历史已经证明，绝望是一场渎神——一个亵渎。

有一首名为“他们杀了他们的上帝”的诗非常有名，它描述了耶稣在东欧某村庄的出现。他在寻找他的

① 克里斯托弗·哥伦布：著名航海家，关于他的犹太血统有争议。

兄弟——他在寻找他的人民。当他找不到他们时，他询问一位过路人，“犹太人在什么地方？”——“被杀了”，过路人说。“全部吗？”——“全部。”——“他们的家呢？”——“被毁了。”——“他们的教堂呢？”——“被烧了。”——“他们的智者呢？”——“死了。”——“他们的弟子呢？”——“也死了。”——“还有他们的孩子呢？他们的孩子怎么样了？也死了吗？”——“所有的人，他们都死了。”耶稣开始哭泣他的人民遭受的屠杀。他哭得那么痛心以至许多人都转身看他，突然一个农民喊道：“嗨，看他，这儿又有一个犹太人，他怎么还活着？”于是农民们扑向耶稣也把他杀了，杀死他们的上帝，以为他们正在杀死的不过是又一个犹太人。大屠杀的印记深深留在了每一个犹太人的心中，让他们开始绝望，甚至怀疑上帝的存在。但是，一位大屠杀幸存者却喊出这样的声音：

> 当敌人疯狂时，他毁灭；当杀人者疯狂时，他杀人；当我们疯狂时，我们歌唱。[①]

---

① [美]威塞尔：《一个犹太人在今天》一书，陈东飙译，作家出版社，1998年7月版，第242～244页。

四、《快乐书》中的精彩故事

通过犹太人几千年的经历可以证明，幽默不仅是他们战胜苦难的心灵鸡汤，也是他们创造力的DNA，更是他们高级智慧的象征。因此，当一个国家被无可救药的愚蠢者所统治时，它的公民首先应该做的不是抱怨和愤怒，而是学会用微笑与泪水交织的幽默去批判黑暗，在快乐中战胜奴役和束缚，达到心灵的自由。

在犹太人的历史中，不仅拥有卡夫卡和卡尔·克劳斯这样的幽默大师，也拥有格罗奇、伍迪·艾伦和基翁这样的犹太智者，他们为人类贡献了精彩的智慧格言。而在18世纪到19世纪的英国也同样出现了一位非常杰出的犹太学者以色列·亚伯拉罕。他于1858年出生于伦敦一家书香门第，从小就读于犹太人的教会学校，不仅出版过《中世纪的犹太生活》这样的著作，还担任过英国剑桥大学的教授，是英国犹太人研究会的主席，并主编过《犹太人观察》大型季刊。他终生以推广犹太文化为己任，写出一部在英语世界家喻户晓的名作——《快乐书》。这部书完全继承了《塔木德》中"犹太式幽默"

的风格，通过许多精彩的犹太故事，令人在捧腹大笑之际洞悉人生的大智慧。

犹太历史上的第一部《快乐书》是约瑟夫·泽布伦在 13 世纪完成的。作为一个用希伯来语写作的诗人兼作家，他是最早综合运用希伯来韵文的诗歌进行叙事诗创作的作家之一，也是犹太文学的开创者之一。经过一些现代研究者的研究，他们推断泽布伦可能是一位医生，他对“医药学非常精通和熟练”，用非常专业的口吻讽刺一些庸医和江湖医生漠视人类生命的“罪行”。首先通过下面一则故事来领略其现代气息：

> 一个哲学家得绝症快要死了，于是医生放弃了治疗，但后来这个病人却奇迹般地痊愈了。当医生再次见到他的时候，他正在街上散步。医生问：“你从另一个世界回来了？”病人回答说：“是的，我从另一个世界回来了，在那里，我看到有非常可怕的惩罚降临在每一个医生身上，因为他们杀死了自己的病人。但是你不必担心，因为我告诉他们，你根本不是医生。”

《塔木德》说：“不正直的医生是死亡天使的同僚。如果一个医生能够治疗而不给予治疗，即便有别的人可以给病人施治，他也无异于犯了谋杀罪。”因此，泽布伦讲的那位所谓的“医生”不仅要受到可怕的惩罚，甚至连下地狱的资格也没有。庸医会下地狱，而那位“根本不是医生”。按照一些犹太民间谚语的说法，“医生和魔鬼都在杀人，不同的是前者还要收费。”这就是犹太人对医生职业最起码的宗教要求。

《快乐书》中的许多故事是以犹太人中的智者所罗门王和魔鬼的斗智为题材的，不仅有趣，而且引人深思：

> 一次，所罗门王外出打猎，偶然来到魔鬼的小屋前，就进去拜访他，并猜中了许多的谜语，避免了对手的责难。临走时，所罗门还不忘幽默一下，提议让魔鬼第二天带着从公牛身上挤出的新鲜牛奶去宫廷访问。
>
> 魔鬼当然没能做到；所罗门又让他整夜不准睡觉，要是他睡着了，第二天一早就要受死。魔鬼真的睡着了，还打着响亮的鼾声；所罗门问：“你睡着了？”
>
> 魔鬼狡辩说：“不，我在思考。”
>
> “思考什么？”
>
> “野兔尾巴上的骨头和它背上的骨头一样多。”
>
> 所罗门王认为这是置对手于死地的最好机会，

就说："要是你无法证明这一点，明天一早你就受死吧！"

魔鬼不停地打鼾，所罗门一次又一次地叫醒他，但他总回答自己在"思考"，一个晚上他给了许多不同的回答：斑鸠身上的白色羽毛与黑色羽毛一样多；没有什么比白昼更白的，白昼比牛奶还白；女人是不可信任的，她们永远守不住秘密；后天的教育拗不过原始的天性，等等。

第二天，魔鬼证明了自己昨晚所有的论点。他在黑暗的角落里摆上一盆牛奶，把国王叫过来。所罗门真的踩到了牛奶上，滑了一跤，险些跌倒，国王咆哮起来："地狱之子，你在做什么？"

"希望您喜欢，陛下，"魔鬼说，"只是为了告诉您牛奶远不如白昼更白，牛奶不能让您在黑暗中看到障碍物，白昼却能。"

为了证明后天的教育拗不过原始的天性，魔鬼找了三只老鼠，将它们挨个放在为国王的晚膳举蜡烛的猫的面前，猫就扔下蜡烛，去追老鼠。

魔鬼又用诡计，让所罗门自己也咒骂起女人来。当所罗门意识到上了当时，就把魔鬼赶出了宫殿，让他自己去吊死，但又给了他一项恩典：魔鬼可以选择吊死自己的那棵树。

> 魔鬼和行刑官走过山谷，从捷里可尔进入约旦，又穿过阿拉伯直到红海，可“永远找不到魔鬼想要吊死自己的那棵树”，用这种伎俩，魔鬼逃脱了所罗门的惩罚，回到家里，安度余生[①]。

犹太人崇尚的是智慧，即使上帝是万能的，也没有用如来佛的法力无边来征服魔鬼。天使和魔鬼进行的是永恒的战争，如果有人经不起魔鬼的诱惑，那最终要下地狱；相反，有人通过后天的自我教育和学习，战胜了人性中原始的天性，那就很有可能领到去天堂的钥匙。犹太人通过“智慧之子”所罗门和“地狱之子”的斗智斗勇，告诉人们的是最朴素的真理。这才是“犹太式幽默”的本质所在。至于约瑟夫·泽布伦自己的传奇故事，《快乐书》中也俯拾皆是：

> 那天夜里，因为太累，约瑟夫·泽布伦睡得很香。睡眠可以消除肉体上的疲劳，也可以使灵魂得到休息。他很快就进入梦乡，这时一个巨人从门外进来，将他叫醒：“起来，我们一起吃喝吧。”
>
> 那已经是拂晓时分，约瑟夫起来，看到在他面

① ［英］以色列·亚伯拉罕：《快乐书》，安宁译，广西师范大学出版社，2005 年 8 月版，第 9 ~ 10 页。

前有葡萄酒、面包，还有其他的美食。这个巨人的手中拿着一盏明亮的灯，照亮了房子的每个角落。约瑟夫问："这些是什么？""当然是吃的啊。来，跟我一起吃，对我来说，你就是我的亲兄弟。"约瑟夫向他表示感谢，然后说："我要先向每天供应我食物的神祷告，然后才能吃，因为这是摩西和众先知在律法书上的吩咐。所以作为一个犹太人，我必须在吃饭之前为自己的灵魂祷告。"

巨人说："如果你愿意，就祷告吧。"于是约瑟夫开始洗漱祷告，然后坐下，吃了面前的食物。但他不愿意喝酒，说："酒，能使人眼瞎，能夺去聪明人的智慧，能掳去强壮者的力量，它在朋友之间泄露秘密，在兄弟之间引起纷争。"

巨人很恼火地说："你为什么如此咒骂酒呢？其实不是这样的，酒能带给人快乐，除去一切悲伤和忧愁。它让人身体强壮，让人增加健康，增加快乐，延年益寿；它能让你脸面有光，感觉清新。"

约瑟夫只好妥协，说："好吧，但是请允许我在喝酒前先喝点水，因为这是医生的建议。"

这则《巨人来访》的故事寓意深刻，不仅告诉犹太人，"作为一个犹太人，必须在吃饭之前为自己的灵魂祷告"。

还告诉犹太人“为什么不能喝酒”。而另一则《狐狸和豹子》的故事则同样蕴含着哲理。

狐狸和豹子的故事

从前，有一只豹子非常悠闲地生活着，他可以很轻松地捕捉到猎物来养活他的妻儿。但是他的邻居，一只狐狸，生活得就没有他那么悠闲了，狐狸认为豹子几乎将所有的猎物都捕捉光了，他本来有能力去捕捉更强大的猎物，把那些小的留一些给狐狸，但他却不那么做，害得狐狸自己几乎没有办法生存了。于是狐狸开始计划如何摆脱豹子的影响。“我得想办法让他离开，或者杀死他。”狐狸想，“古人曾说：‘如果有人要杀你，你就先杀死他。’”

第二天，狐狸去找豹子，告诉他，自己发现了一个美丽的地方，那里环境优美，有许多小动物在那里生活，因此猎物很多，一切都美好得超出想象。豹子非常高兴地要跟他到那个天堂般的地方去，狐狸则窃喜自己的计划得逞了。豹子兴奋地对他说：“我要去跟我的妻子商量一下，你知道，她不仅是我的妻子，也是我一生中最好的帮手。这种事情我要先告诉她。”狐狸非常惊慌，他知道豹子的妻子很聪明，也很谨慎。他对豹子说："不要相信女人，她们总是会提出非常愚蠢的建议，女人的心好像大理石一样愚钝。当然，可以去听一下她的建议，但最好不要照她说的做。"

豹子就去告诉他的妻子，自己已经下决心搬家了。她听了惊叫道："要特别小心狐狸，世界上有两种动物最狡猾，一个是毒蛇，另一个就是狐狸！如果你听过狐狸怎样杀死狮子的故事，就知道他有多么狡猾了。"

豹子奇怪地问道："狐狸怎么敢接近狮子呢？更别说杀死他了。"

他妻子告诉他故事的经过：

狐狸与狮子

狮子和狐狸是朋友，狮子对狐狸非常友好，但是狐狸却不信任狮子，并且一直设法杀死他。一天，狐狸去找狮子，说自己生病了，头痛难忍。他说："我问过医生了，他们说治疗头痛最好的办法就是将病人的手脚都绑起来，这样头痛很快就会痊愈。"狮子听了，就把狐狸的手脚用绳子绑起来。狐狸很快就露出愉快的表情，高兴地说："啊，我好了，没想到这么奏效啊。”于是狮子松开他，他们高高兴兴地庆祝了一番。后来，狮子患病，头痛难忍。他来找狐狸，对他说：“绑起我来，我的好兄弟，这样，我也可以像你一样很快痊愈的。”狐狸用藤条将他绑了个结实，然后取来一块大石头，向狮子的脑袋上砸去。就这样，狮子被狐狸杀死了。

故事讲完后，豹子的妻子说：“所以，亲爱的，最好不要听从狐狸的建议，他太狡猾了。如果那个地方真的像他说的那么好，为什么他不自己去呢？”

豹子回答说：“你真是个无聊的人，我相信我的朋友，他不会骗我的。”尽管他不听妻子的建议，但他还是有些担心，他告诉狐狸他的疑虑，并且提到，他的妻子不愿意跟他同行。狐狸说：“我给你讲一个故事吧，让你知道听从女人的建议是多么愚蠢的事情。”

银匠和他的妻子

从前巴比伦有一个银匠，制造银器的技术非常好。一天，他正在工作，他的妻子对他说：“亲爱的，我有个主意，可以让你名利双收。国王有一个独生女儿，他把她看得比自己的生命还重要。你给她做一个银像，然后我会把它当作礼物献给她。”雕像很快做好了，银匠的妻子将它送给公主。当公主看到它的时候非常高兴，很喜欢这个雕像。作为感谢，她给那艺术家的妻子一件皮衣和一副耳环。她高兴地向自己的丈夫炫耀，她丈夫却说：“但是这没有让我名利双收啊，银像的价值远远超过了这件衣服和这副耳环。”第二天，国王看到女儿手中的雕像，怒火中烧，说：“是谁竟敢擅自给我女儿做雕像？砍下他的手来！”国王的命令被执行的那天，银匠哭着说：“我怎么这么傻，竟然听从自己妻子的话！”

豹子听了，吓得瑟瑟发抖，狐狸继续讲了另一个故事：

伐木工和他的妻子

一个伐木工正在劈柴，他的妻子在旁边纺纱。她说：“我父亲活着的时候，是一个很好的伐木工，比你要强多了。他可以用两只手劈柴，右手劈累了，就换左手。”伐木工说：“不可能，一个人只能用右手劈柴，除非是左撇子。”妻子对他说：“你可以试试，我父亲能做到，你也可以的。”他很轻率地听从了妻子的话，用自己的左手劈柴，但一斧就砍到了自己的右手拇指。他一怒之下，就用斧子杀死了自己的妻子。后来因为他杀死自己的妻子，判了死刑，被人用石头打死。

最后，狐狸总结说："所以，女人的话都非常愚蠢，甚至置人于死地。让我再来讲一个怎么对付女人的故事。"

男人的爱和女人的爱

从前，阿拉伯有一个英明的国王，一天他跟他的几个内臣同坐，内臣们高声赞美女人们的美德和智慧。国王很不耐烦地说："住嘴吧，这个世界从来就没有一个那么好的女人。她们的爱都是很自私的。"内臣中一个最有智慧的人起来说："哦，我的王，你太武断了。很多女人都是又美丽又忠实的，她们是那样尽心地关爱丈夫，照看孩子。"国王说："好吧，你们就在这个城市里找吧，看能不能找到一个像你们说的那么好的女人。"

他们就在这个城市里寻找，最后终于找到一个女人，品德高尚，聪明伶俐，像月亮一样美丽，像太阳一样智慧。她的丈夫是住在那个城市里的商人。内臣们将这个女人的情况报告给国王。于是国王将这个女人的丈夫传到王宫，对他说："我没有儿子，只有一个独生女儿，我非常爱她，超过爱我自己的生命。我不想把她嫁给一个国王或王子，我只希望她的丈夫是一个淳朴而忠厚的人，没有什么背景，但能够爱她并且尊重她。你是最合适的人选，我希望你能够娶她。但现在有一个问题，就是你已经有妻子了，所以我命令你在今晚杀死你的妻子，然后明天你就可以娶我的女儿了；之后，你将成为我王位的唯一合法继承人。"商人回答："我的王啊，我实在不配做您女儿的丈夫，也不配治理您的国家。我怎么能够杀死我的妻子呢？她与我同吃同住已经有 15 年了，她是我心灵的喜乐，我对她的爱和尊重与日俱增。我怎么能杀死最爱我的人呢？"国王对他说："杀了她之后，你可以得到我的女儿，还可以继承我的王位。"离开国王以后，他非常忧愁，思考了很长时间，面对国王的诱惑，开始动摇了。但是回到家看到妻子和两个幼小的孩子，他哭了，"有这样一个妻子，不比拥有整个王国更好吗？那个国王应该受到诅咒。"直到最后他也没有对自己的妻子动手。

几天后的一个晚上，国王秘密地召见那个女人。国王开始先对她的美丽和智慧赞美一番，然后告诉她，他是如何深爱着她，但不幸的是她已经有丈夫了。“今晚你回去杀死你的丈夫，然后明天来做我的王后。”那个女人很高兴地答应了他。国王知道女人是很不可靠的，所以给了她一把用锡做的刀，说：“一刀将他解决掉，刀很锋利，不需要第二刀。”当晚，那女人为自己的丈夫做了可口的晚餐，并用上好的酒将他灌醉。他躺下熟睡后，她拿出刀向他砍去。结果锡刀太软，卷刃了，她丈夫却被惊醒。慌乱之中，她用谎言让自己的丈夫安静下来，再次哄他熟睡，把她要杀他的行动掩盖了过去。第二天早晨，国王将她召来，问她是否照他吩咐的做了。她说：“是的，我的王，但是你的武器不管用。我没能成功。”于是国王召集他的内臣们，让那个女人讲自己做的事情；又将她丈夫传来，让他讲自己的故事。最后国王得意地说：“现在你们看到了吗？女人就是这样的，你们还能说我太武断吗？”

看到这些故事起了作用，狐狸又说了一长串老掉牙的哲人的话来指责女人：

对女人的指责

古代的智者和圣贤苏格拉底非常讨厌和藐视女

人。他的妻子非常的瘦小。别人嘲笑他说:“哪个男人像你那样娶这种女人做妻子?”

苏格拉底说:“身体瘦小,罪恶也小。”

有人问苏格拉底:“你对漂亮女人怎么看呢?”苏格拉底说:“我看到漂亮女人,既没有爱情,也没有欲望,只是赞美上帝选出如此美丽的形象,却不要看她们的里面,因为那里注满了罪恶。”

一次,苏格拉底走在路上,看到一个女人吊死在一棵无花果树上,他说:“这棵树上的果子都要没有人摘了。”

一个贵族建好一座豪华的别墅,在门楣上写上一句话:“把一切罪恶挡在门外。”另一位哲人第欧根尼对他说:“这样,你的妻子怎么进去呢?”

一个人对朋友说:“你的仇敌死了。”朋友回答说:“我宁愿听到说他结婚了。”

讲完这些,狐狸说:“这类的事情太多了,我只是想告诉你,女人是多么不值得信任。她们的一生中都在欺骗男人,甚至会害死男人。”豹子充满疑问地说:“但是,我的妻子害死我之后,她怎么办呢?”狐狸回答说:“听着,我再来告诉你一件最恶劣的行径,远超过我刚才跟你讲的那些故事。”

寡妇和她丈夫的尸体

在罗马，一个罪犯被执行绞刑之后，他的尸体十天之内要暴尸荒野。为防止死者的亲友把尸体偷走，每天夜里都会有一个罗马将军看守吊着罪犯的那棵树。如果尸体被偷走，那个负责看守的将军必须在那个地方被处以绞刑。有一个地位很高的骑士因为反叛罗马皇帝被处以绞刑，吊在一棵树上，皇帝派了一个将军在夜晚看守他的尸体。

夜里，将军忽然听到远处传来一阵痛苦的号哭声，他策马循着声音的方向而去，想弄清这是什么声音。他来到一个坟场前面，那是一片埋葬平民的墓地，一个女人非常哀伤地痛哭自己刚刚死去的丈夫。罗马将军就安慰她，劝她回家，并且一直将她送到城门口才回到他站岗的地方。

第二天，相同的场景又发生了，因为那个女人实在太爱自己的丈夫了。将军非常耐心地安慰她，慢慢地，那个女人开始爱上这个将军，甚至忘记了自己从前爱得发疯的那位已经死去的丈夫。他们两个在那天晚上开始谈情说爱，边走边谈，一直到将军看守尸体的那棵树前。将军一看，吓了一跳，尸体竟然不见了。将军惊慌地喊道，“天哪，我快要疯了，我竟然忘了我的职责，我的性命就要葬送在谈情说爱上了！”

那女人说：“亲爱的，不要害怕，我们可以把我丈夫的尸体抬过来挂在上面，假冒那具被偷走的尸体。”

“我不能把人从他的坟墓中拖出来，死神不会放过我的。”

“好吧，我自己来做，我会把他从坟墓里挖出来。法律只规定不可把活人扔进坟墓，没有规定不可将死人从坟墓里挖出来。”

女人就掘开坟墓，将她丈夫的尸体从地下搬上来。将军看到她的丈夫，叹着气说：“我看守的那具尸体是个秃子，而你的丈夫头发又厚又长，一定会被人识破的。”

“我可以剪掉他的头发。”

女人做完这件可怕的事情，他们两个就把尸体挂起来。几天后，两个人结了婚。

听完这个故事，豹子的汗毛都竖起来了。他气愤地对自己的妻子说：“给我起来，不想死就跟我走！”他们带着儿子，跟着狐狸来到了那个“天堂般的”捕猎胜地，靠近水边定居下来后，狐狸就辞别了他们。一个星期后，下了一场大雨，一天深夜，豹子一家正在熟睡的时候，河水突然涨起来，淹没了他们居住的洞穴。临死的时候，豹子悲痛地说："都怪我，没有听从我妻子的劝告。"

约瑟夫·泽布伦《快乐书》中的故事，都是环环相扣，其叙述手段影响了当代的一些获诺贝尔奖的犹太大作家，让人逐渐抵达真理的彼岸。在约瑟夫的心中，写《快乐书》的目的就是寻找一个真正喜爱智慧的国度，而对那些崇尚物质享乐的城市厌恶之至，不久，他就对同伴说：

> 我在这个城市生活的够久了。这里不适合我，这里的人都很无知，没有诗歌和文学，人们藐视律法，没有礼貌，罪恶横行，道德败坏。我已经离开家很多年了，我应该走了。

于是，他回到他的家乡——那个崇尚智慧的国度，写下了上面的故事。

五、犹太笑话中蕴含的成功法则

美国兰登书屋的创始人犹太人贝内特·瑟夫在自传《我与兰登书屋》中写道：

> “一点点幽默就能让我们的生活有劲头。”这一直是我的信条。有人曾经问我，“你希望自己的墓志铭上写什么？”我总是说，我希望这样写：“每当他走进房间，人们总是因为他的到来而更快乐。”

是啊，几千年来犹太人生活太苦了，唯有幽默是他们的生活动力，唯有幽默让他们战胜世俗生活的无聊，同时也唯有幽默让他们更有魅力。犹太人笑在脸上，哭在心里；笑对世人，哭对上帝。幽默成为他们鞭挞世界、寻求自我超越的最好武器。不妨先讲第一个笑话：

> 有一个人想深入了解犹太人的思想和精神，但读完《圣经》等典籍后，仍觉对犹太人知之甚少。后来，他听说《塔木德》才是犹太人最重要的典籍，

于是便向一位拉比请教。

拉比对他说："虽然你有良好的愿望，但恐怕你现在的知识还不足以真正理解《塔木德》。"

这个人很执著，坚持让拉比给他讲讲《塔木德》。拉比无奈，先向他问了一个问题："有两个男孩一起打扫烟囱。打扫完后，两人从烟囱中出来，一个男孩满脸乌黑，另一个脸上却没有一点烟尘。你认为哪一个男孩会去洗脸呢？"

这个人回答说："当然是那个弄脏了脸的男孩去洗脸。"

拉比笑着对他说："你错了，两个孩子打扫完烟囱时，一个脸脏一个脸净，脸脏的男孩看到对方脸净，就觉得自己的脸也是干净的；而脸净的男孩看到脸脏的男孩，会认为自己的脸也是脏的。因此，只有可能脸净的男孩去洗脸。"

听到这，那人恍然大悟，要求拉比再问他一个问题。结果拉比把刚才的问题重复了一遍，那人立刻就回答："当然是脸干净的男孩去洗脸了。"不料拉比又笑了："你又错了，恐怕你是没资格读懂《塔木德》了。"

那人大惑不解，问道："我的答案就是您刚才告诉我的，那到底什么是正确答案呢？"

拉比耸耸肩解释道："既然是两个男孩一起打扫烟囱，怎么可能是一个脸干净一个脸脏呢？"

也许有人会说，拉比所言完全是一种诡辩论，因为问题的前提就是"一个脸干净一个脸脏"，而最后他却说"怎么可能是一个脸干净一个脸脏呢？"这岂不是自相矛盾？如果你这样思考这个问题的话，只能说"你又错了"，《塔木德》绝不告诉人死的知识，而是告诉人一种思维的方式，即"活的智慧"。犹太人将那些读了很多书却没有智慧的人比作"背着书本的驴子"，毫无用处。只有滚动的智慧，才能不断发展和创新，才能成为真正聪明的人。犹太人有一个《瞎子打灯笼》的故事，同样耐人寻味：

有个瞎子打着灯笼在漆黑一团的路上行走。对面来人见他是一个瞎子，便问道："您是一个瞎子，干吗还要打灯笼呢？"

瞎子不慌不忙地回答："因为我打了灯笼，别人才能看到我。"①

---

① 贺雄飞编著：《犹太大亨赚钱术》，经济日报出版社，1996年4月版，第28页。

犹太人实在是太聪明了，一个漆黑的夜晚，一个瞎子打着灯笼，既照亮了别人，同时又避免了其他相遇者撞到自己。这种切换思路或逆向思维的方式，是犹太人在几千年流散中提炼出来的真智慧。只有有真智慧的人才能生存和发展，免遭时代的淘汰。否则，犹太人早被消灭光了。下一个笑话切入主题：

纳粹上台后，对犹太人的迫害日益升级。一队盖世太保突然来到柏林郊区的一个农庄，抓走了这个犹太家庭的男主人，家里只剩下非犹太血统的妻子。她经过努力，设法同被关在集中营里的丈夫建立了秘密联系。

在一封信里，她向丈夫抱怨家里没有人手，无法按节令耕地种马铃薯。丈夫收到信后考虑了几天，然后送出一封信来，上面写道："千万别动家里的地，我在那里埋着枪和手榴弹。"

两天后，几辆满载盖世太保的汽车突然又光临了农庄。他们花了两个星期把这家人的地翻了几遍，也没有找到枪和手榴弹，最后悻悻离去。女主人对此迷惑不解，又写信向丈夫叙述了这一切。丈夫回信说："好了，现在种马铃薯吧！"[①]

① 肖宪：《谜一般的犹太人》，中国工人出版社，2007年1月版，第104～141页。

这次犹太人的聪明太明显了，无须评述。下面该涉及到赚钱和做生意了。不妨先讲这样一个故事：

有一个犹太职员在一家保险公司干了很多年，他的成绩非常突出，公司老板打算提拔他担任一个重要的职务。但这位老板却是一个天主教徒，从公司的前途和他个人的愿望出发，老板决定请当地一位最著名的神父来劝说这位犹太人改信天主教。神父与那位犹太职员的会晤被安排在老板的办公室。

3 个多小时过去了，两人终于走出了办公室。

公司老板很高兴，以为大功告成，便着急地问道："尊敬的神父，您是怎样说服他的？"

"不，很遗憾，"神父回答道，"他说服我买下了 5 万美元的保险。"

可见犹太人是多么的聪明，但聪明的背后一定是渊博的知识和缜密的思维以及深刻的宗教思想与现代保险理论。否则，说服一位优秀的神父去买下 5 万美元的保险，谈何容易。但也有犹太人觉得，说他们聪明并不意味着对他们的夸奖，真正的聪明是一种"大智若愚"，一旦让别人感觉到聪明就可怕了。下面这则《监狱里的犹太人》再一次道出了犹太人成功的秘密：

有3个人在监狱服刑，监狱长答应他们每人可以提一个要求。

美国人爱抽烟，希望得到3箱雪茄。

法国人最浪漫，希望能有一个美丽的女子在狱中陪伴他。

而犹太人却说，他希望得到一部可以随时同外界联系的电话。

3年很快就过去了。

美国人率先从监狱里出来，他忘记要火了，着急着要抽雪茄。

接着出来的是法国人，拥着美女，手里各抱着一个小孩。

最后出来的是犹太人，他紧握着监狱长的手说："这3年来我每天都与外界联系，遥控我的公司，生意不仅没有停顿，反而增长了300%，现在我已是10亿美元的身价了。为了表示感谢，我送你一辆劳斯莱斯！"①

笑话是水，犹太人是鱼。在激烈竞争的人生战场上，犹太人运用他们专注的精神和独特的智慧，取得了骄人的成绩。下面这则笑话同样耐人寻味：

① 华山：《犹太商战幽默》，地震出版社，2005年7月版，第4页。

飞机正飞跃大西洋，机内引擎突然着火，机长请求每个乘客按照自己的信仰“做些宗教上的事情”。于是，穆斯林朝着麦加跪拜；罗马天主教徒忙着祈祷；清教徒唱起了赞美诗；而一个犹太乘客则换座募捐，为防止以后的飞机引擎着火而筹措研究基金。

通过笑话看出，飞机上的人恐怕生还的可能不大，所以机长才让乘客们做些宗教上的事情。犹太人与众不同的是，他不仅没有绝望，而且为未来杜绝此事再次发生而募捐，既显示出他们善于理财的智慧，同时有一种理想主义和钻研知识的精神和情怀，非常可爱。但愿上帝能拯救他们。

第二章 悲剧式的自嘲

——“犹太式幽默”的深层解读

愚人的数目无穷无尽……所有的人聪明过头都会变为愚人。傻话对于愚人来说,是快乐的源泉……智者常忧，愚者常乐……

——埃拉斯穆斯

真正的幽默是来自情绪，更多来自于理智。它不是轻视，它的情义是爱。

——托马斯·卡莱尔

我们应该避免幽默，因为它仅仅建立在我们因嘲笑他人的痛苦而得来的快乐上。

——柏拉图

当所有安慰约伯的人都失败以后，上帝成功了，不是因他安慰了约伯，也不是因他回答约伯的申述和哀求，而是因他剥夺了他的幽默……上帝以无法回答的问题来责备约伯。

——安特迈尔

一、人为什么会笑

法国人让·诺安有一部著名的书《笑的历史》，这部书提出了许多人们司空见惯但又常常忽略的问题，比如：什么是笑？人为什么会笑？笑有何用等，并围绕着笑这个最常见、最普通的现象进行了妙趣横生的描述。让·诺安认为：

笑，有时是一种神经与肌肉的现象，有时却是一种感情与精神的现象。

笑是一种呼吸现象。它是呼吸与排气的现象。

按照法国人勒内·笛卡尔的观点，笑是这样发生的：血液从右心室经动脉血管流出，造成肺部突然膨胀，反复多次地迫使血液中的空气猛烈地从肺部呼出，由此产生一种响亮而含糊不清的嗓音；同时，膨胀的肺部一边排出空气，一边运动了胸部和喉部的全体肌肉，并由此再使与之相连的脸部肌肉发生运动。就是这种脸部动作，再加上前述响亮而含混的嗓音，便构成了人们所谓的笑。

笑照亮了面容，使人目光炯炯，使眼角皱起，使红润的双唇舒展在雪白的牙齿上。笑声带来了光明与色彩，使人神采奕奕，红光满面。它还会扩展到人的全身，让全身各个部位都充分动员起来，从而带给人身与心的健康。

一位加拿大学者也对笑和幽默的精神内涵作了系统分析，他认为：微笑比大笑的历史更为悠久，刚刚出生几天的婴儿就会微笑。婴儿微笑表明他是人类的后代，也显示出人类比动物的高级。人类感情交流和面部表情的增加，始于母亲和婴儿对视时的微笑。在人的进化过程中，从人能直立行走的时候，便产生了一系列的连锁反应：直立行走使双手得以释放，以便摘取和抓拿各种东西。人的嘴巴也相应解放了，不再像狗一样用嘴巴叼东西，而可以用嘴说话、微笑、大笑了。当人的智力，进一步得到进化，它又从符号过渡到象征和文字，从而导致人类用语言取代形体语言的伟大胜利。在所有动物中，可以说人的大脑最接近于婴儿的胚胎。人的前脑出奇的大，看上去很像不足月就降生的弱小的低级动物。而人可以显现出他的年轻与不完美，这正标志着人的特征。可以说，人是最古老的动物，同时也可以是最年轻的动物，也只有他才能理解语言与思想的交流，并报之以笑。

在人的进化过程中，形体的、本能的和生动的发展被人的最伟大的成就——文化的发展所取代。而文明的发展象征性地体现在斯芬克斯身上。斯芬克斯是人与兽的合体，她既有动物性的本能，也有人的智力。她赫然出现在李福克勒斯所写的俄狄浦斯三部曲的开端，仿佛在用她的不解之谜询问芸芸众生："谁爱着一个他不该爱的人？"斯芬克斯以此向我们宣布：那种对乱伦的禁忌和对恋母情结的压抑意味着人类文明的曙光。正是这种压抑把人的本能与动物的本能截然分开了。在动物群中，任何一个性成熟了的小兽都可以成为新的情敌而追求他的母亲，并不会受到约束。而与所有其他动物相反，人这种动物却不能侵犯他的母亲，不能与他的母亲繁衍生育。

一个小孩，当他的身体能够自如或近于达到这一点时，他便开始大笑了。肠胃之气是捧腹大笑的先声。而当小孩的话取代形体语言时，他开始理解机智风趣的玩笑和戏谑。尽管这一阶段的象征只是"傻瓜式"的戏谑，不过双关语正是这阶段后期的残存物。第三个阶段，并非人人都能达到。在这个阶段，以幽默自娱标志着情感的成熟以及对情感的驾驭。幽默的人最终可以在自己身上体现出一位善良、和蔼、宽厚的母亲形象，她多多少少总希望原谅她那犯上作乱、屡屡作恶的儿子，而宁愿对自己的烦恼、苦闷一笑了之，置之不顾。

奥地利心理学家西格蒙德·弗洛伊德在他创作的旺

盛之时，发现了无意识，并在俄狄浦斯的故事中，找到了所有惨痛的人类悲剧的真正内涵：你的恋母情结、乱伦，儿子对专制父亲的反叛，对于有意识或无意识、在思想或行动上所犯罪恶的负疚以及处以惩罚的阉割，等等。应该说，俄狄浦斯的处境，是我们儿童时代的天堂已然失落的墓碑，与此同时，正如我们所知，也标志了文明的奠基①。

美国人诺曼·霍兰德则从心理学的角度对笑进行精神分析。他认为，在笑的过程中，人类突然而游戏性地重新创造了自己的本性，也许笑是人的本性。人类为何会笑？正如儿歌所唱，“因为我们自由地成为你和我”。②

法国哲学家阿兰也认为：

> 笑和哭泣一样，也是阵发性的，在这两种现象中，生命力先是得到解放，后是受到束缚。不过，在抽泣过程中，只有生命力得到了暂时的解救，理性判断又一次受到恐惧、内心的愤怒和轻生念头的

① ［加］诺思罗普·弗莱等：《喜剧：春天的神话》，傅正明等译，中国戏剧出版社，2006 年 12 月版，第 169 ~ 170 页。

② 诺曼·N. 霍兰德：《笑——幽默心理学》，潘国庆译，上海文艺出版社，1991 年 9 月版，第 217 页。

支配，紧接着，由于短暂的轻松和眼泪流淌，使痛苦得到解除，最后以力倦神疲而告终，理性判断才得以解放。笑中也会出现短时间的抑制，但生命力和理性判断却能协调一致，立即放松，唤醒、摈除，最后毫无顾忌地试一试这种多余的自由力量。正是这种力量，象征着我们把自己束缚在严肃、无聊或者只是谨慎之中所消耗的全部财富。因此，笑是无视一切的。笑中包含着对盲目崇敬的极大报复，它是理性判断和生命力的绝妙配合。除了笑，再也没有什么能使精神和肉体结合得更为和谐的了；因为，在一切崇高的举动中，肉体总显得有点胆怯。所以说笑是人的特性，这是千真万确的，因为在笑中精神从物质外表中解放了出来[①]。

当然，还有一种逗人发笑的喜剧或幽默艺术，为一个可怜的人或悲剧的人，抑或真正的活着的人，哪怕是国王创造希望，让他开怀大笑。笑，从一些细节或小事出发，意味着信任和纯真的友谊、天真、纯洁或绝对的善意。微笑之中自有某种有意识和稳定的东西，或一种有节制的力量。而大笑则不同，融合了喜剧天才最高级

① 王树昌编：《喜剧理论在当代世界》，新疆人民出版社，1989 年 6 月版，第 121 页。

的智慧，是一种最精细、最大胆、最谨慎、最有分寸，而又是最巧妙的艺术。所以真正让人开心地大笑很难。

让·诺安说，在笑的量度表上，自下而上分别注明：冷笑、有礼貌的笑、微笑、不出声的笑、大笑、狂笑、笑得要死。今天，浏览《大百科全书》，我们就会发现，该书用了长达 1.76 米的纵栏篇幅来解释笑，而解释眼泪的篇幅只有 1.37 米，疼痛一栏只有 0.35 米，哭泣一栏只有 0.24 米，可见理解笑要比别的困难多了。强笑、苦笑、苦涩的笑、冷笑、奸笑、皮笑肉不笑，野兽般的笑、天使般的笑，开玩笑、暗暗发笑、当面耻笑、捧腹大笑、笑得直不起腰……总之，正如《诗癖》一书所言："我一笑，怒气全消……"

某天深夜，一位幽灵借着如洗的月光徘徊在书架之间，他说："既然我现在身居'永恒的王国'，我就拥有足够的时间。我必须利用这个机会，试着慢慢地学点东西。最终，我将弄明白什么是笑。我将认识那些带来笑声的人们。"于是，法国人莫里哀心情激动，满怀敬意地咀嚼着那些大哲学家们关于"笑"的论述：

笛卡尔的天赋观念理论认为，笑不过是精神与肉体之间联系的某种表现。同样，根据生物学的先天性理论，笑应当由人体的先天结构来解释。把笑解释为一种心理生物学现象的理论，强调感情及其在人类社会化中所起的作用。然而，哲学上的联想主义却强调观念联合，强调环境的作用，认为感情在人格的形成中起着关键作用[①]。

莫里哀合上书本，开始陷入沉思，另一位法国剧作家贝尔纳为了安慰莫里哀，给他讲了一个关于他孙子的故事：

我的孙子3岁的时候，住在巴黎，他的乳母教给他各种动物的叫声：汪！汪！是狗叫，喵！猫叫，咩！羊叫，哞！牛叫。小男孩模仿这些叫声，在家里受到称赞。他由此成为模仿各类动物叫声的专家。一天，3岁的年轻艺术家第一次被带到农村，在那里看到一群羊边叫边走。作为老资格的专家，他侧耳倾听，微笑地摇了摇头。原来，他认为这群可怜的畜牲中，有一头叫声学得不好，于是，他高傲地对那只羊说道：“羊，你叫得不对……”

同样，许多博学的哲学家们，试图教导莫里哀，无

① ［法］让·诺安：《笑的历史》，果永毅等译，生活·读书·新知三联书店，1986年11月版，第30页。

异于企图教导别人怎样模仿羊叫………或者说，怎样授人以笑柄。

人们经常讲述《圣经》中撒拉[①]的笑，这事情发生在我们的纪元前20世纪，当时尽管撒拉年事已高，尽管她那令人尊敬的丈夫，贤明、虔诚的亚伯拉罕更为衰老，上天的使者仍然宣布她将生育一个孩子。实际上，仔细研读圣书，就会发现，这本《圣经》中出现的唯一的所谓的“笑”，完全保留了它的高尚与宗教的神圣：

> 三个人出现在亚伯拉罕面前，有一位说，你妻子撒拉在哪里？他说，在帐篷里。另一个人说，到明年这时候，我必将回到你这里，你的妻子撒拉必生一个儿子。撒拉在那人后边的帐篷门口，也听见了这句话。但亚伯拉罕和撒拉年事已高，撒拉已绝经。撒拉暗自发笑，说：“我既已衰老，我主也年迈，岂能有这喜事呢。”耶和华生气地对亚伯拉罕说：“撒拉为什么暗笑，还说，她既已年老，就不能生养了。耶和华岂有难成的事么？……”撒拉否认她笑过。那位说：“不！你笑了，撒拉！”（《创世纪》，18：9～15。）

① 《圣经》中的人物，亚伯拉罕的妻子，她在90岁的时候生育了一个儿子。

于是，正如使者们预言的，撒拉生了一个儿子，众所周知，这孩子名叫以撒。以撒，这个名字意味着幸运，是为了纪念撒拉的“暗笑”，这名字大致意味着“天主的笑”，或者“天主的微笑”。

古希腊先哲亚里士多德开创了各门学科，他第一个接触了所有各方面的问题，在他之后若干世纪里，人们对这些问题绞尽了脑汁。早在距今23个世纪之前，经历了两次灾祸、两次流放，可以说还经历了两次谋杀……这位思想家双手抱着额头，冷静地开始为世人提供哲学家的思考。这该是多么感人啊！作为生理学的第一位探索者，几乎是刚刚涉及这个问题，亚里士多德就提出了疑问，并且作出了答复：

> 为什么人的腋窝和脚心最怕痒？难道不是因为那里的皮肤最娇嫩，因为凡是平时最少被触动的部位才最怕痒？
>
> 为什么哭的声音尖锐，而笑的声音却低沉呢？难道不是因为在后一种情况下，我们浑身松软，引起的空气振动较少，而在前一种情况下，我们是在用力振动空气？因为，当空气运动速度快时，声音就显得尖锐。相反，当我们笑的时候，肌体各部位

都放松了……我们喷出的是热气……反之，当我们哭泣时，忧伤降低了我们胸部的体温，于是，呼吸变得冰凉。

为什么当我们同熟人相处时，很难抑制住笑声？难道不是因为当一切准备就绪的时候，说干马上就可以干吗？

滑稽的事物（令人发笑的事物）是某种错误或丑陋，不致引起痛苦或伤害，现成的例子如滑稽面具，它又丑又怪，但不使人感到痛苦。

拉伯雷是中世纪最伟大的法国小说家，《拉伯雷传奇》收纳了众多的、令人兴奋的历险故事。在里昂的医院里，拉伯雷经常为梅毒患者朗读自己作品的精彩段落。

拉伯雷在里昂的时候，有一次，女佣人在他的工作间里发现三只神秘的小袋子，每只袋子上都贴着他亲笔写的标签："给国王的毒药……""给王后的毒药……""给王太子的毒药……"女佣人告发：拉伯雷遂遭逮捕。经他的请求，法院将他押往巴黎，以便由国王弗朗索瓦一世亲自审问。在国王面前，拉伯雷打开三只袋子，里边装的只是一些糖。国王放声大笑。拉伯雷解释道："陛下：请您原谅我的冒失。我要来巴黎旅行，可又身无分文。我想，只有这个办法才能让您的下属为我提供舟车之便。”（这是发生在拦车搭乘以前的故事，世代流传下来，抑或不甚准确……）

拉伯雷临终前，夏蒂荣红衣主教的使者问他还有什么话要说，据说他说了这么一句话：“我这就去寻找一个辽阔的自然王国，启幕，笑剧开始了。”拉伯雷在灵魂升天以前的最后一句话，也还是笑话……

胃痛的人绝对不会笑。要想笑得好，必须身体好。体弱多病往往多愁善感；这是一种惩罚。反之，笑能祛病延年。笑能使人免除痛苦。有时候，笑可以治愈胃痛病……

在法国中世纪的一个名叫《维兰·米尔》的韵文故事里，医生们对卡在王子喉咙里的鱼刺束手无策，而农民只一股劲儿地扮鬼脸，逗得王子止不住大笑，终于吐出了鱼刺。

据说，在18世纪，有一位红衣主教患了可怕的脓肿病，濒临死亡，仆人们已经绝望，恰在这时，主教养的猴子滑稽地戴上了他的红衣主教帽和红色方帽，穿上主教的衣服。猴子的模样是那般可笑，濒临死亡的人一下子冲破了脓肿的威胁，哈哈大笑起来，这样一来，居然挽救了主教的性命。根据著名的理论："我不笑，因为我很愉快，我之所以愉快是因为我爱笑。"很久以来，人们习惯于观察病人的"精神状态"，尽可能地使之愉快、欢乐。

古今中外，解读"人为什么会笑"这一千古难题的思想家大有人在，法国犹太哲学家柏格森的思想堪称与众不同，他提出的伟大的基本论点之一就是：滑稽是人类独有的特性。离开人的本性，就不存在滑稽。一幅自然图景可以是漂亮、优美、崇高的，或者是毫无意义甚至丑陋的；但它永远不会是可笑的。人们可以认为一顶帽子好笑，那是因为它的外形是由人类赋予的。

柏格森提出的第二个基本论点是：笑伴随着冷漠。笑的最大敌人莫过于激动。笑来自单纯的理智。当您作为一个旁观者，无动于衷地观察生活时，许多悲剧就会变成喜剧。

柏格森还说过：笑是附着在活人身上的机械性动作。他认为，当一件事的发生与人的精神相关，但事情本身却使人们仅仅注意人的肉体，那就是滑稽的。例如："此人道德高尚，身躯矮胖。"又如一位演说家，恰恰在演说到最动人心弦的时候打了一个大喷嚏。

每当我们感到一个人变得不像人时，我们就会笑起来。小丑使我们忘记了他们也是血肉之躯的人。看到小丑们耍杂技，人们联想到的是互相碰撞的布包。而正是这种感觉令我们发笑。

笑是一种宜人的疾病，也是一种传染病。在那么多言不符实的谚语中，只有一句谚语似乎千真万确，那是一句古老的不朽的谚语：人越多越热闹！当然了，我们有时候也喜欢独自一人，喜欢安静，在阅读一本幽默著作的时候，不需要人陪伴，也会觉得有趣，即使房子里空无一人，也会突然放声大笑……而且，明天我们将向别人讲述这个故事，让别人分享这份意外的欢乐，想到这里，我们还会笑得更欢。

不过，这类孤独的笑，在一年中屈指可数，毫不费力就能回顾一遍。反之，您试试数一遍有多少次在各种聚会、老校友或者老战友聚餐、宴会或者看戏的时候，往往为了一点荒唐的缘故而放声大笑的。

在剧院里，我们无数次地看到那些兴高采烈的外国人，一句台词也听不懂，看见别人笑，自己也突然高兴地笑起来，直笑得热泪盈眶，这是因为笑具有“感染力”。

二、幽默的历史演变

愈来愈多的人相信，笑只是一个人幽默或幽默感外在的表现形式，而真正的幽默是一种内在的力量，是一种精神气质，更是一种社会文化现象，在人生和社会中具有相当重要的意义，既可以调节气压、促进消化、增强活力，还可以驱除紧张情绪，驱散挫折感，使人延年益寿。幽默感的有无或强弱能决定一个人事业成功的程度。

那么，究竟什么是幽默呢?

也许有许多人的回答只是反问一句："谁能说得清楚？"因为自古以来，有许多伟大的思想家都在寻求它的答案，如亚里士多德、弗洛伊德、柏格森等，但是没有一个人给幽默下个明确的定义。也许幽默不需要一个明确的定义。

关于幽默的争论，可以追溯至公元前 3 到 4 世纪时的柏拉图及其对话录。他曾写道：我们应该避免幽默，因为它仅仅建立在我们因嘲笑他人的痛苦而得来的快乐上[①]。尽管许多人反对柏拉图的观点，但世界上第一次的笑乃是“荷马式的笑”，距今已有近3000年的历史，幽默家们美其名曰“小跛子的笑”——

第一个故事发生在《伊利亚特》第一章的末尾部分：

宙斯刚刚同他的妻子发生了一场口角。他们的好儿子、棒小伙赫淮斯托斯想从中斡旋，护着他的母亲。激怒的宙斯一把抓住了赫淮斯托斯的一只脚，把他扔出了天门……于是在后来的神话中，他永远变成了跛子……

但是当时家族里的成员对此事尚不得知。几天之后，宙斯再次大发雷霆，赫拉则又一次泪水涟涟。

赫淮斯托斯始终是个好儿子，一个好小伙子，他又想来安慰母亲，急忙拿了一只自己琢磨好的精致的酒杯送到母亲面前……

白臂膀的女神赫拉微笑着，从她儿子手里笑嘻嘻地接过那只杯子。于是赫淮斯托斯又去服侍其余的神，从左首开始，用他的调羹把甜蜜的琼浆玉液给大家轮流地斟；那些快乐神看见他在大厅上一跛

① [美] 赫伯·特鲁：《论幽默》程永富等译，成都科技大学出版社，1988年8月版，第25页。

一拐地来去奔忙的情景，禁不住哄堂大笑起来！[①]

三千年过去了，我们依然以歌声嘲笑瘸子：

看她沿着河边走，
前仰后合瘸着腿……

这样，世界上第一个笑乃是由一个生理上的缺陷而引起的！其后多少世纪中，唉！人们还将继续多少带点儿恶意地嘲弄驼背、矮子、结巴、聋子乃至于所有稍有残疾的人。

然而有史以来还有一个能叫所有人哄堂大笑的主题：夫妻生活中的不幸……

卓越的荷马讲述的第二个故事是：

赫淮斯托斯真是世界上所有“被嘲弄的人”的鼻祖，他的妻子，阿芙洛狄谛也令人难堪地捉弄了他，和战神阿瑞斯勾搭上了。

请注意，这场天字第一号的滑稽剧中的人物包括：正直的丈夫，即那个可笑的跛子，多情的美女，还有英勇的武士。美女、武士开始私通，但是太阳神明察秋毫，通知赫淮斯托斯他遭到了不幸，于是，

① 《伊利亚特》，人民文学出版社，1958 年版，第 20 页。

不幸的人决心报复。他在自己的床四周布下了看不见的网，当那两个罪人上床，网就合拢来，把他们紧紧绑住。这可不是什么滑稽剧了，而是一场以城堡为借口的诡计[①]！

于是，赫淮斯托斯心情沉重地回到家里，站在门口，怒气冲天，他大声咆哮着，向全体天神喊道："天父之神宙斯和其他永生的幸福天神们，你们来看这件可笑又可气的事吧；……我确实是个跛子，但是宙斯的女儿阿芙洛狄谛也太寡廉鲜耻了！"

受到嘲弄的丈夫叫着，众神听见都跑了来。猜一猜他们此时的态度吧：不但没有一个人指责这件丑事，他们反而笑了起来。齐声发出洪亮的笑声。

奥林匹斯山上所有快乐的神都来了，互相议论着，阿波罗眨着眼对赫尔墨斯说道："我想你也很愿意像此刻的阿瑞斯那样躺在阿芙洛狄谛的怀里……"

"是啊，是啊……"赫尔墨斯兴奋地说，"哪怕那坚固的镣铐，即使有陷阱，我也愿意和她在一起。呵，把完美无瑕的阿芙洛狄谛搂在怀里，爱情万岁！"

① 据《奥德修纪》，赫淮斯托斯布好铁网后，借口到远方的城堡去，骗阿芙洛狄谛和阿瑞斯上钩。

荷马最后写道："他这样说，在永生天神当中又引起一阵笑声，……"

由此诞生了两个最主要的永恒的笑的主题：生理上的缺陷与感情上的不幸。

在众神的盛宴上，还有一个逗笑的话题：关于年轻人赫尔墨斯的笑话，赫尔墨斯是宙斯和玛亚的宠儿，后来成为雄辩与商业之神……而且还是顽童之神：

> "你还记得吗，那天你偷了五十头神牛！……为了弄乱足迹，你赶着牛群让它们倒着走……一直赶到你那当做贼窝的山洞里！"（就是在这座山洞里，小坏蛋发明了用两块木头摩擦生火的方法……当时他才刚刚降生不久！）
>
> 荷马叙述道：为了逃避别人的怀疑，这个"新生儿"悄悄地回到住处，若无其事地躺进自己的摇篮……但是，当他的大哥阿波罗双手抓住他，逼他承认时，小赫尔墨斯拼命挣扎着，以他爸爸的名义发誓，硬说自己什么都没干，而且突然（注意，他们要笑了……），他"张开嘴示警，表示自己的肚子要造反了，他厚颜无耻地抗议，紧接着就竭尽全力大打喷嚏"，阿波罗被这无礼的举动惊呆了，松手让这新生儿滑落到地上，然后就动身到宙斯那儿去

告状。

但是宙斯听了却放声大笑，而且越笑越厉害，他疯狂地笑着说："淘气鬼！谁想得出，为了几头牛这点小事儿，竟采用如此古怪的方式……我的妻子玛亚，你那伟大的肚子里钻出来怎样一个早熟的孩子啊！……

与生理上的缺陷和戴绿帽子的丈夫并列，"顽童"以及粗俗的、善意的玩笑在诸神的餐桌上，在笑的历史新编中都占有一席之地。

然而，荷马又作了精彩的补充：赫尔墨斯在寻找阿波罗的牛群时，在奥林匹斯山口遇见了一只乌龟。它慢吞吞地爬着，一边吃着开花的小草。看到乌龟，赫尔墨斯笑了（今天，在希腊，乌龟还是逗人的笑料），这位宙斯的善良的儿子说道："乌龟，我要把你带回家。我不会虐待你，而是要你满足我的愿望！我将是第一个享用你的人……"他杀死乌龟，把它挖空，用它的壳做了一支弦琴……赫尔墨斯就用这支琴演唱了一个不朽的颂歌，对宙斯、玛亚赐予他的卓越而又可爱的生命表示感谢……

这样，除了诸神们粗犷的笑，诸神的颂扬者轻松的雅兴，又创造了微笑——创造了微笑与诗歌。

世界上第一个双关语是在《奥德修纪》中一个可怕的场景中产生的。加朗蒂的丑陋的情人波吕菲谟是个可怕的独目巨人，他吃人肉……狡猾机灵的奥德修拿着木棍走到他的身边。波吕菲谟问道："你叫什么名字？"奥德修答道："我嘛，叫'无人'，我的名字叫'无人'！"于是波吕菲谟笑了。当他在醉梦中发觉有人刺瞎了他的眼睛，就从山洞里发出了恐怖的叫声："杀人了！杀人了！有人用阴谋，不是用暴力，在杀害我……噢，上帝，谁在杀我？'无人'！"

第一句双关语在奥林匹斯诞生了……

赫淮斯托斯——又是他——创造了第一个女人：令人爱慕的、迷人的潘多拉。雅典娜赐予她所有最美好的品质，宙斯赠给她一只装宝物的盒子。唉！但是，厄庇米修斯娶了淫荡的潘多拉为妻子之后，不幸的好奇心促使她打开了"潘多拉之盒"[①]于是，所有珍宝以及美丽的女人的全部品质、天资统统消失得无影无踪……为了给人们一点安慰，在盖子里仅仅剩下了一样东西：希望！

这件事令众神欢笑……而且长久以来，也令凡人们微笑。

---

① 潘多拉是希腊神话中的第一个女人。普罗米修斯盗火给人类后，主神宙斯图谋报复，命火神赫淮斯托斯用黏土做成美女潘多拉，送给普罗米修斯的兄弟厄庇米修斯。

可见人类早期的幽默确确实实是低级的，文化和思想的含量确实偏低。我们为什么不能给幽默下定义？关键是幽默的外延和内涵确实是太丰富太复杂了，既有格言、警句、笑话、妙语、俏皮话、喜剧、悲剧……又暗含讽刺、风趣、滑稽、怪诞、反讽和调侃等风格，一旦这些特性融为一体的时候，有几个思想家能描绘清楚，哪怕是奥林匹克的诸神。

“humour”一词源于医学，意思是“体液、情绪”。“体液说”乃由古希腊的希波克拉底医生所创立。希波克拉底将人分成四种基本的体质，这四种体质又有四种体液，这四种体液又类似于四种自然力：火胆汁（热）、地黑胆汁（冷）、多血质（干燥）和水黏液质（潮湿）。在公元 2 世纪，盖伦使得体液说又向前迈进了新的一步，他从机体四种体液的某一体液的“异常优势”中发现了所有的疾病的原因。后来，医学界对这一学说进行了大论战。而英国喜剧作家本·琼森则利用这些“体液”的原理来确定和定义自己的“性格喜剧”：因而一开始就有《易怒的人》《忧郁的人》《暴躁的人》和《冷漠的人》，从而开辟了“幽默”的新时代。中国现代汉语的“幽默”，林语堂先生以现成的古词，对英文“humour”所作的音译，有“风趣”、“谐趣”、“诙谐风格”等意。而中国古词“幽默”一词大概最早见于屈原的《九章·怀沙》：“眴兮杳杳，孔静幽默”，系“寂静无声”之意。屈子创作《怀沙》时，正当悲伤绝望，“怀抱沙石以自沉”的前夕，那心情是与“幽默”现在的涵义毫不沾边的，但林语堂以“幽默”译“humour”，缘由是：“凡善于幽默的人，其谐趣必愈幽隐，而善于鉴赏幽默的人，其欣赏尤在于内心静默的理会，大有不可与外人道之滋味，与粗鄙显露的笑话不同。”[①]因此，逗笑而婉曲，是幽默最起码的条件。

莎士比亚的哈姆莱特就是一个“幽默”，但是一个悲剧性的“幽默”。本·琼森所表现的正好相反，是地地道道的喜剧性幽默。人们甚至于能够说，本·琼森伟大的功绩就在于发现并使用了幽默喜剧这一模式。于是，欧洲的剧作家们开始了对幽默的尝试——怪僻和古怪的举止。“堂·吉诃德”式的疯狂、伤感的玩笑、怪诞的行为、灵魂的倾斜……无不是对幽默的注解。但是，一位作家法尔斯托夫的俏皮话获得了所有的涵义：真正的幽默要求有一个冷静而且严肃的头脑。一个为使别人笑而自己先笑的演员是一个蹩脚的演员。若干年后，幽默的这个基本准则以某种正式的方式获得了经验主义的认可。1962 年，凯姆斯勋爵在他的《批评要素》中写道：

真正的幽默就是一个假装庄严和正经的作者本

① 《幽默杂话》，载 1924 年 6 月 9 日《晨报》副刊。

身，但是他用某种颜料来粉饰那些客观对象，因而激起欢愉和大笑。[①]

1760年以后，人们在使用中对原因已达成共识：主动幽默赢得了市场。所谓的“主动幽默”，是指幽默家是否表现出经过精心筹划的某一个怪僻引发的效果，而“被动幽默”是指幽默家是否忍受一个属于他自身的怪僻。在一篇名为《确定机智、幽默、戏弄、讽刺及滑稽的真正标准的论文》中，人们发现如下的区别：

一个具有幽默感的人就是一个在现实生活中能成功地表现一个懦弱和可笑的人物，他或者自己承担这个角色，或者通过另外一个人来再现这个角色。他这样表达的方式如此的自然，以至于从某种意义上来说，人们可以了解到人物最为怪诞的古怪和缺陷。

一个幽默的人是现实生活中的一个人，他与他自编的那些稀奇古怪的事往往结下不解之缘，这些稀奇古怪的事在他的气质和他的行为中是可见的。

① [法] 罗伯尔·埃斯卡尔皮特：《幽默》，卞晓平等译，商务印书馆，2004年10月版，第37页。

总而言之，一个具有幽默感的人就是一个能成功地表现和揭示出幽默的人或揭示出其他人物身上的古怪和缺陷的人。

而按照法国作家阿迪松的观点，幽默是机智和快乐之子。真正的幽默就是一种机智的形式，它摒除针对某人的言行来驳斥某人的论据，而摒弃恶毒言行，怜悯和仁慈是它的特征。阿迪松还专门为幽默绘制了一个家谱：

> 真理是家庭的缔造者，它生有机智，机智娶了一个旁系的太太，它的名字就叫“愉快，戏谑”，它们生有一子：幽默。幽默是这个显赫家族中最年幼的孩子，由于它是具有特别多样禀性父母的后裔，因而它的性格反复无常和多变。人们有时发现它神态严肃，举止庄重，有时又洒脱大方，穿着怪诞。因此，它的出现有时候像法官那样严肃，有时又像一个江湖骗子那样轻浮。但是，它非常像它的妈妈，不管它的灵魂如何，它必然会使同伴们发笑。[①]

在历史的幽默中古希腊的阿里斯托芬创造了一个灿烂的开端。他辛辣的讽刺笑谑检验着一个城邦对自由的

① ［法］罗伯尔·埃斯卡尔皮特：《幽默》，卞晓平等译，商务印书馆2004年10月版，41～42页。

理解，《鸟》的奇思至今令人惊绝。自由和智慧使人在笑中反省，继古希腊喜剧诗人之后，古罗马的卢奇安、奥维德、阿普列尤斯、普罗图斯也纷纷加入笑者的行列。中世纪似乎是禁止笑的，但研究表明，民间狂欢节释放了被禁止的能量。文艺复兴时期若干文化精英的涌现，把中世纪的民间诙谐修成了正果，“笑”变得意味深长：薄伽丘创作《十日谈》，以“人”的解除禁忌的身体驱逐不会笑的神；伊拉斯谟疾书《愚人颂》，为人类的非理性狂欢和泛滥的热情正名；拉伯雷用《巨人传》跟教会捣乱，拿人类的片面严肃性开涮；塞万提斯在《堂·吉诃德》里假装被劣质骑士学所激怒，实则对脱离现实的僵硬理性作了绵长的反讽……这一时期的喜剧顶峰是法国的莫里哀，《伪君子》和《愤世嫉俗者》最被尊重，但要在极短篇幅里领略他的幽默天才，《强迫的婚姻》已足够。幽默在英国文学里的流淌最是浩荡：莎士比亚的幽默不但活跃于他的喜剧中，也渗透在他的悲剧里；至于乔叟、本·琼森、康格里夫、斯特恩、菲尔丁，直至近世的狄更斯、萧伯纳……无不是制造各式笑声的行家里手，含笑的泪与带泪的笑，直语的尖酸与内心之温软的二重奏，萦回后世，不绝如缕。19 世纪后半叶，美国作家马克·吐温之名响彻美国和世界，标志着“幽默”这一“英国灵魂”产生了更茁壮的变体。20 世纪，两次世界大战摧毁了西方人对理性和上帝的确信，现代主义的绝望幽灵与产生于智慧之自信的“笑”，发生了化学反应：荒诞派戏剧应运而生，法国作家贝克特托起一轮“喜剧世界的黑太阳”，法国戏剧家尤奈斯库可笑的废话散发着不安的气息。“黑色幽默”虽然由法国人布勒东和艾吕雅率先命名，但是它的成熟却在美国——约瑟夫·海勒、库尔特·冯尼古特、品钦的作品让笑容变得沉重。好在还有伍迪·艾伦，美国电影大师的游戏之笔反倒带来了纯粹的智慧之乐。

对饱受专制之苦的民族而言，幽默则呈现出别样的色彩和力量。它不只是一种轻逸的趣味，更意味着精神的解放。19 世纪开始，感情深挚的俄罗斯民族被幽默之光所照耀——果戈理的辛辣、契诃夫的温情、布尔加科夫的怪诞……让这个民族在悲伤的泪水中逐渐感知笑以及笑带来的勇气与理智。在中欧与东欧，悖谬的现实孕育了哈谢克、贡布罗维奇、赫拉巴尔、哈维尔、克里玛们的幽默。捷克人把藐视荒谬、以幽默面对暴力、用装傻来消极抵抗的方式，称作“哈谢克式的”。正如捷克作家伊凡·克里玛所说：“布拉格居民给他们所鄙视的统治者的最后一击不是一刀，而是一个笑话。”①

很显然，幽默的历史演变是一个复杂而漫长的过程，

① 李静编:《幽默二十讲》,天津人民出版社,2008 年 10 月版,第 4 ~ 5 页。

人类的一部幽默史就是人类的一部智慧史。回头来看，笑就变成一种生物现象了，笑和幽默之间并没有严格的分界线。有些笑中，并无真正的幽默，而有些幽默中，我们也不一定能笑得出来。幽默是一种非常复杂的生理、审美和社会现象。它是一剂独一无二的药方，能够解开人类神经而无需对之施行全身麻醉。它使得人类精神放松而不使得人类变得疯狂，它将人类自己命运的重担交给他们自己手中而不压垮他们。正如美国作家马克·吐温所言：

> 幽默不应该以教导人为职业，也不应该以布道为职业，但它如想永久生存下去，就必须两者兼而有之。当我说永恒时，我的意思就是30年……我总是在说教，30年来，我一直在这样说教。如果幽默本身自发地来找我而不是邀请它来的话，我将在我的训诫中接受它，但我不会写出这个训诫作为创造幽默的快乐[①]。

① [法] 罗伯尔·埃斯卡尔皮特：《幽默》，卞晓平等译，商务印书馆，2004年10月版，第64页。

三、幽默心理学

1748 年，英国外交家切斯特菲尔特勋爵在给他的儿子的一封信中写道：

> 既然提到了笑，我必须特别告诫你，要注意避免。我固然诚心地希望你常常面带喜色，但不愿你此生常常发笑。经常的哈哈大笑是愚蠢和没有教养的特征……依我所见，没有什么比出声的笑更为粗俗、更为缺乏涵养的。[①]

在那个讲究礼仪的时代，许多人是反对“哈哈大笑”的，甚至有人认为“笑是原罪的后果，亚当在沉沦之前是不会笑的”。上古之时，《圣经 · 传道书》中写道：“我指嬉笑说，这是狂妄。论喜乐说，有何功效呢？”甚至苏格拉底之前的异教哲学家也说过嬉笑与怜悯是格格不入的——并且认为怜悯更可取。问题是，哪一个先哲没

① ［美］诺曼 · N. 霍兰德：《笑——幽默心理学》，潘国庆译，上海文艺出版社，1991 年 9 月版，第 3 页。

有曾像我们大家一样哄堂大笑过呢？

如果从心理学的角度来说，喜剧性是被积压能量的缓释或放松，笑是非常有利于健康的。正如一位心理学家所言："有充分的理由不笑，是最可靠的救助手段之一……笑在枷锁中使人感到欣喜。"每个教师都有亲身体验，让感到厌倦和烦躁不安的学生发笑是一种非常有意义的事。用大哲学家康德的话说，这种体验是一种宽慰感，笑是给群体中其他成员的一个社会性信号，示意他们可以安全放松。英国散文家威廉·赫兹利特的注释是：严肃性是一种习惯性的压力，当压力增大时，可能就会演变成悲伤性或悲剧性，而滑稽性或曰喜剧性是这种压力的意外放松，产生一种生动的愉悦感，使人来不及有痛苦思索的时间和倾向。

康德和赫兹利特的观点代表了宽慰理论的一种。在另一种理论中，人们可以不强调情感上的宽慰，而只强调认知的解答。比如美国人约翰·杜威就认为，笑是在一个悬而未决的阶段结束后，突然达到协调性时的愉悦感。

然而在1650年，英国哲学家托马斯·霍布斯比宽慰感更进一步提出了最著名的一种喜剧性的阐释。他说："笑这种感情不是别的，只是一种突然的荣耀感，它产生于突然感受到我们自身的某种优越感，这是通过与别人的弱点作对照，或是与先前的自我作对照。"霍布斯会说，应提防笑得过多的人，因为“最容易发笑的人是那些注意自己身上极少的那点才能的人；他们通过留意别人的不足之处来硬使自己保持优越感”。

霍布斯的理论有助于解释讽刺家的动机和方法。讽刺家实际上是在对自己的优越性而笑，他的优越感使他可以讽刺别人。许多人一次次地以不同的方式重述了霍布斯的理论。连环漫画作者卡普说：“所有的喜剧都是建立在人们对于人对人的非人性行为的乐趣之上的。”英国散文家、诗人约瑟夫·艾迪生则将霍布斯的理论加以哲理化：“每个人都会因某个在理解力上不如他人的人而为自己感到高兴，当他眼前有着这种可被嘲笑的对象时，他便会为自己天赋的优越性而庆幸。”总之，霍布斯优越感理论的核心，是从笑的不协调性入手，即把“笑的效用不是称为自我荣耀化，而是称为对自我有威胁的痛苦的弱化”。因此，笑成为人类抵御恐惧和愤怒的一种最有力量的方式。

伏尔泰很显然不赞同霍布斯的理论，他曾提到，自己独自阅读莫里哀的一本书时，曾笑得前仰后合，这哪里有“自豪”呢？因为“当一个人独处时，他是根本无所谓自豪的”。对此苏格兰历史学家托马斯·卡莱尔也指出，“幽默的本质是通情达理，对一切存在事物的热忱而温存的同情……它的本质是爱，而不是蔑视”。加拿大幽默作家里柯克也说：“幽默可被定义为对生活协调性的友善沉思及对之的艺术性表达。”还有些人的说法是“善良而愉悦的价值感”或“人类心中天然而纯真的善”。

杰出的奥地利精神分析家恩斯特·克里斯说：“霍布斯比任何后来的心理学家都更接近弗洛伊德。”1905年，弗洛伊德出版了深刻而独到的论著《笑话及其与无意识的关系》，荟集的不仅有霍布斯的理论，还有其他有关喜剧的重要理论。该书不仅是一种综合，更提出了具体而精细的看法。弗洛伊德认为，在“喜剧性”这个总称之内，还包括三个非彻底的范畴：笑话、喜剧性和幽默。笑话涉及三个人，喜剧性涉及两个人，幽默只涉及一个人。

弗洛伊德把笑话视为主要是词语上的。他所举的例子大多是双关语、轶事、乱用词语等，尽管他有少数图画的动作和例子。通过对这一系列例子作了详尽的分析，他归纳出了许多笑话的技巧。所有这些技巧都可以归在下列三种基本类别中的一种或数种之内：(1) 利用一个词的声音而不是其意义；(2) 在新的情境中“重新发现熟悉的事物”；(3) 将胡言乱语作为从理智意义上之通常规则的一种缓解。此外，所有这些技巧都是减弱威胁的。这些威胁即：词语的武断意义；对陌生事物的恐惧；对逻辑性思维的要求。所有这些技巧在伯克—霍布斯的含义上都是喜剧性的。

弗洛伊德提到，他曾看到这些技巧表现在神经症患者和精神病患者身上，表现在梦、口误和显示我们无意识过程的其他情况之中。他认为，仅仅从包含这些技巧的笑话中。我们就能获得一定量的愉悦。通过避开思维的通常困难，我们享受到“心力耗费的节省”。

弗洛伊德进而又区分了“单纯的”笑话（或“戏谑”）与“倾向性的”笑话。在单纯的笑话中？我们仅仅得到回避思维规则的快感。在倾向性的笑话中，我们不仅得到文字游戏或戏谑的快感，还可使被禁止的冲动得到满足。也许最重要的是，我们从心力的节省中得到了快感，它使禁止变得没有必要（“这只是个笑话”），正如关于喜剧性的“宽慰感”理论所说的那样。

倾向性的笑话尽管是通过满足受禁止的冲动来提供大部分的快感，但它仍需要单纯的戏谑和文字游戏来作为形式上的伪装。这就是说，唯有当被伪装成文字游戏时，我们才能允许自己心安理得地去满足这些倾向。笑话的游戏性起着某种提示的作用，它使理智略为放松，并诱发针对性或进攻性之抑制的更大放松。生理上的笑体现了多余能量的自由释放，因为（在说笑话的这一时刻）抑制不必作出禁止。

因此，弗洛伊德的笑话观是，它通过对抑制中的心力耗费的节省而给予我们快感。

至少听了笑话的个人会得到快感。说笑话的人则并没有得到快感。就从笑话中得到快感而言，通常要涉及到三个人：制造笑话的人，笑话所针对的第二者，第一人向之讲述笑话的第三者。有时不存在第二者，而第三者对于笑话的交往是必不可少的。（请想象一下，当你说的笑话没有唤起反应时，你是什么感觉。）

第三者通过他的笑松解了笑话制造者所显示的受禁止冲动。因此，这个第三者必须在以前未听过这个笑话，否则他就不会抑制这种冲动，不会有多余的能量释放——他就不会笑。

同样，笑话的制造者也不会笑（除非他因体验听者的反应而笑），他即使笑也只是因为自我显露的冲动得到满足而产生的快感。这种冲动在一开始就促使他“裸露”自己的无意识冲动。作为一个笑话制造者，你必须有强烈的冲动去冲击强烈的抑制，否则你不会去寻求通过谐语升华了的满足。正如霍布斯所指出的那样，说笑话者往往是不稳定的。

在将喜剧性（在特指的含义上）与笑话相区别时，弗洛伊德说，喜剧性只需涉及两个人：发现（而不是制造）某事滑稽的人，和一个在他身上被发现此种滑稽性的人。喜剧性局限于人类及其社会关系：动作、形状、行为或性格。弗洛伊德把喜剧性解释为某人发现一种能量的过多花费，通过说“瞧我只消花很少的力气就能干这同一件事”来与之认同（正如我们觉得小孩子花大力气很可笑）。或者是“瞧我得花多大努力才能达到同样的效果”（即如我们会对小丑的杂技动作发笑）。

笑话给予我们快感，是通过把一个充满能量和紧张度的有意识过程转化为一个轻松的无意识过程。而在喜剧性中，我们是比较两项有意识的（或至少是自主的）能量耗费。我们看到一种不必要的费力，并想象出一个更简单的方式。我们比较身体与心智的相对复杂性，如肌肉的力量与思维的轻松和敏捷。我们也可能看见一个期望被挫败。我们透过非凡的表象发现平凡的实质。我们把郑重的转化为委琐的，如在漫画、戏拟和篡改中即是如此。

因此弗洛伊德可以回答帕斯卡尔的问题（孪生子为何滑稽）。经验告诉我们，每个生命体都有所不同，需要花相当大的努力去了解它。当我们看见一般无二的孪生子时，我们只花费了一半的气力，多余的气力便作为笑而释放掉了。

弗洛伊德把胡言乱语称为词语的喜剧。他把“无知的学生在考试时造出的喜剧性胡言乱语”举为例子，诸如“不是克利俄，是司历史的美杜莎”[①]；或者“战斗激烈地进行了数小时，最终仍然是不分胜负”。胡言乱语对无意识过程并无任何揭示。

毋宁说，我们得自喜剧性的快感完全产生于思维耗费的节省。对笑话和喜剧性的欣赏，都要求我们对事物进行突然的比较。然而，喜剧性还要求一种对它的期待，固定的注意力，不带有强烈情感或利害关系，尽可能少的抽象化，从而被逗乐的人可以作自由而生动的想象。

弗洛伊德第一篇较长的论文《笑话及其与无意识的关系》只是稍微谈及了幽默。这主要是在关于人物的情境中：我们期待着将表示甚多的同情，但后来却发觉我们的同情是不必要的（例如堂·吉诃德、福斯塔夫，或马克·吐温的兄弟——他在一个筑路工程中干活时，被爆破掀到了10英里之外——而后来却因离开工地被扣了半天的工钱）。弗洛伊德把幽默定义为另一种比较：情感耗费的节省。

弗洛伊德1905年的这部著作以第一阶段的精神分析学来解释笑话：即通过意识与无意识之间的张力来解释。作为名词，这对关键术语不仅描述了知觉（“我没意识到我正在做那事”），而且还暗示着心智中的系统甚至定位。然而在后来的二十多年中，弗洛伊德慢慢体会

① 克利俄应是司历史的缪斯专神，而美杜莎是狰狞的女妖。

到，他在临床工作中所看到的许多事情（特别是无意识中罪恶感的表露），是他无法以意识体系与无意识体系之间的简单对立来作出解释的。

到 1923 年，弗洛伊德已重新思考了他早先的解释。他用“构造”模式代替了“心理图”模式（意识—无意识）。他的“构造”一语指的是长时间存在的心智功能或形态，它不同于我们时常波动的愿望、恐惧、希望、感知和记忆。在精神分析学的这个第二阶段，弗洛伊德和他的后继者不是从有意识—无意识而是从自我—非自我来解释事例。

他把自我定义为心智的一种执行功能或曰综合功能，它从我们的婴幼时期起，一直在内部与外部对我们的要求之间制造着妥协。代表这些要求的另四种构造是：本我、超我、现实和强迫性重复。

他用“本我”来指心理上体现的基本生物欲望，即性和攻击本能，它们迫切要求得到满足。他用“超我”来指我们对理想的积极向往及与之结合的道德抑制（“你应当”和“你不应当”）。当我们与自己的前辈认同，并通过他们与他们的文化认同时，超我即告形成。强迫性重复在其最直接的含义上指的只是我们的一种倾向——这也是任何机体的一个倾向——在我们尝试新方法之前，这种倾向使我们回复到先前已行之有效的处事方式。

弗洛伊德曾谈到本能的“惰性”或“保守性”。现实显然是最终的问题，但是在这儿它指的是：不断提出新的难题从而要求自我去寻找新的处理方法的某种东西。当本我与超我相抵销时（去做！别去做！），它平衡着强迫重复的倾向（新与旧的平衡）。自我—非自我的两极对立包容了但也取代了以前的有意识—无意识的两极对立。这些术语已变成了形容词。人们说的是“有意识自我”或“无意识超我”，而不是“无意识”。

在1927年题为《幽默》的论文中，弗洛伊德修改了他早先关于幽默的概念，使之符合他新的第二阶段的构造论模式，他并且暗示了，我们对其他事物发笑的方式也符合这种模式。在幽默中，发笑者变换了超我与自我之间的通常关系。一个人可以使自己免去痛苦的情境一般会产生痛苦的情感，尤其是内疚的痛苦。他认为，“幽默包含着一种解放的成分……它是自爱之胜利，是自我对它的不可击败所作的凯歌式确认。它抗拒着被现实的利箭所伤或被迫去承受痛苦。它坚持表明，来自外界的伤害是不能损伤它的，它们其实只是为它提供愉悦的机会”。换言之，自我的处事方式就如同一个eiron一样。

当一个人对他人采取幽默的态度时，他就是采取了“一个成年人对待儿童的态度，他体谅而微笑地对待着那些在儿童眼里显得十分重大的，但其实微不足道的利益和痛苦”。当一个人对自己采取幽默的态度时，他就是“把重点从自我移去，并将之转移到超我上”。正如在笑话下，无意识冲动巧妙越过自我所设立的限制一样，在幽默中，超我把对于自我显得是重大的问题变得突然看上去很微小。在对他人或自己采取幽默的态度时，超我扮演的角色是一个高傲但能给予抚慰的家长。

弗洛伊德第二阶段关于幽默的理论与他关于心智的构造模式理论密切地相契合。幽默产生于超我与自我之间的关系。一个笑话使得本我的冲动得以穿越自我的防线。喜剧性变为自我本身对两个不同的自我过程（譬如，思维过程和行动过程）之间的比较。因此，幽默之于超我，一如喜剧性之于自我，亦如笑话之于本我。弗洛伊德第二阶段的解释并未与第一阶段的解释相抵牾。他只是把第一阶段的解释放进了更大的理论体系，使之能对人类的行为作出更多的解释。

正如他在 1905 年著作的结尾所说，喜剧性的三种类型都是我们在心理活动中重获快感的方式。我们的快感在心理活动的进展中实际已经丢失。我们通过这些手段力图达到的欣快，只是生活的一个片断中的情绪。在这生活中，我们习惯于以少量的能量消耗来处理我们一般的心理职能——这是我们儿童时期的情绪，当时我们对喜剧性还无知，还不会开玩笑，还不需要使用幽默来使自己在生活中感到快乐。

对于弗洛伊德来说，笑典型地体现了一种对成年人现实的迎头打击。

许多人对弗洛伊德的解释持反对态度，因为他（和霍布斯一样）把喜剧性弄得很可厌。然而在逻辑上，你无法以“不应如此”来驳斥弗洛伊德的笑“是如此”的论断。

意大利哲学家、历史学家克罗齐则认为，弗洛伊德所阐释的那些特点可以应用于“每一种精神过程，譬如痛苦时刻与愉悦时刻的续接，还有产生于对力量的意识及对力量之自由舒展的意识的满足”。克罗齐选取了弗洛伊德幽默理论的一个要点，并试图将它反其道而用之：他不赞成弗洛伊德将笑与可笑性同其他心理过程相联系，因为其他那些心理过程（如做梦和症状形成）是我们能更彻底理解的。“不过我并不认为弗洛伊德对笑的描述也确实包罗其他心理现象。相反，弗氏的论述是具体而微的。说实在的，弗洛伊德理论中最使我感兴趣的是，我们可以运用他的理论来探索具体笑话和漫画中的细节。”克罗齐并未意识到这种可能性。

在弗洛伊德所分出的三种类型（幽默、敌意性笑话、戏谑）中两种幽默测试，是从对笑话的偏好着手来测定人格类型。快乐反应测试则是依照一种较新的精神分析模式：笑话在规避焦虑的情境中表达出带有冲突的愿望。如果一个笑话对于某人来说，完全没有冲突或是有着过多冲突，此人就不会发笑。具体来说，如果笑话的主题太“灼人”，此人就会或是无法感受笑话的关键部分（担压），或是通过把某种秘密的动机投射于笑话的本原而对之歪曲。譬如，快乐反应测试采用了美国作家、漫画家詹姆斯·瑟伯的《家》这幅有名的漫画。一位受试者在看到这幅漫画时，“尽管得到暗示和提醒，却未能看出那张脸，直到给她明确指出为止。可是她并未感到有趣，而是感到不舒坦”。快乐反应测试者们得出结论说，他们的受试者无法感受画面上“那个走近家门的十分渺小、战战兢兢的男人，他的家是一幢有着一个女人怒目圆睁、巨大面孔的房子，那个女人正充满威胁地等待着他走入”（请注意，他们的措辞隐含着他们自己的解释方式）。这位受试者之不能看出女人的面孔，是因为她“对男人有着极为仇视和抗争的情感，而这种情感是她所难以控制的”。她对漫画中女人的拒斥使

她得以“避免对她来说如此可恼的一种冲突”。她的未能发笑从而符合于人类对痛苦冲突的防御机制的普遍原理。

同一派实验者还举出了美国漫画大师查尔斯·亚当斯令人毛骨悚然的《亚当斯之家》那幅漫画。在这幅画里，亚当斯一家都在他们古怪的维多利亚式宅第的塔楼上，一群无辜的唱圣诞颂歌的人正在前门外唱着，而亚当斯一家正在把一大锅滚沸的油朝他们浇下去。

有一位妇女觉得这幅漫画特别滑稽。她业已摈弃了她早年的宗教信仰，因此这幅漫画对她来说表现了“从她青年时期所受压抑的解放”。而一位青年男子却觉得这幅漫画没有意思、令人反感。他也脱离了过去曾热衷参加的教会，但“这幅漫画引发了他的内心冲突和罪恶感”。在此,笑与不笑也是同规避冲突的一般对策相联系。遗憾的是，快乐反应测试者们在后来的研究报告中，放弃了这种先进的模式及其很有发展前途的研究方法，而变为单纯将对笑话的偏好与心理诊断的范畴相联系。

总之,从实验心理学的角度来说,滑稽性有如下特点:

无威胁性，对人们有安抚和治疗的作用。
攻击既有准则，造成无秩序状态，混淆好与坏。
揭示与合并矛盾。

发泄敌意，但将其掩饰。

贬损自我，但以特殊的支配力量是有一种独特的地位。

这些观点虽然同弗洛伊德有所不同，但对幽默的心理机制做了有趣的探索。正如一位作家兼制片人马赛尔·帕尼奥尔（在确实笑是出于优越感时）所言："在自然界里不存在喜剧性的根源，喜剧性的根源就在发笑者的内心……告诉我你对什么发笑，我就能说出你是什么样的人。"而托马斯·卡莱尔则为这个公式提供了必要的德国权威："莱辛说，每个人都有自己的风格，就像他自己的鼻子一样。"

四、笑话中的笑话

只要两个俄罗斯人或是三个犹太人凑到一起，或者东欧的犹太人和俄国犹太人，马上就会争先恐后地互相抢着大讲笑话。几轮过去，几个陌生人就变成了熟人，笑话成了彼此沟通最快的手段。

有些笑话非常轻佻和淫秽，有些笑话则是政治笑话。笑话水平的高低，变成了艺术魅力的较量，常常成了彼此是否能够交往的考验。怎么考验呢？比如有两个肺病患者（或者说得好听些、有趣些，是两个梅毒患者）往一只杯子里吐唾沫，一直到吐满为止。同桌而坐的第三人，打赌说能一口气把杯子饮干。考验开始了，我们在场充当裁判。他不动声色地慢慢喝下去，几乎到底了。最后却好像坚持不了把杯子放下了。前面两个人得意地问：“怎么，厌恶啦？”应试者却懊恼回答说：“不是，遇到一块痰我没有咬动。”[①]这个笑话也许是最粗俗恶心的笑话。

---

① ［俄］安·陀·西尼亚夫斯基：《笑话里的笑话》薛君智等译，中国文联出版社，2001 年 3 月版，第 85 页。

笑话不仅要有创造力，还要有艺术和道德的介入，如果仅仅是刺激人发笑，笑完之后没有给人以智慧和启迪，那么这样的笑话就是等而下之的笑话，或者说毫无意义。真正笑话里的笑话，不仅要有趣、好玩、有悬念，还要突破禁忌，并有一个出人意料的结尾，有时则像俄罗斯的套娃，里面还装着小娃娃、小笑话，努力给现实带来真实的揭示，带来秩序、情感和理智。

有这样两则笑话(故事发生在20世纪30年代的苏联)：

> 你生活得怎么样？
>
> 像坐电车。有的人坐着，别的人站着发抖。

再如讲人们玩猜字谜。在火车上一个上了年纪的犹太人在出字谜：

> “我的姓，第一个音节是列宁向我们的许诺，第二个音节是斯大林给我们的东西……”
>
> 这时从包厢上铺跳下两个穿便服的人说：“拉依赫尔同志[①]，跟我们走吧。”

这里老人的姓代表了苏联的全部历史。

① 第一音节“拉依”意为天堂，第二音节“赫尔”意为未知数。

在世界文字史上，禁忌这个题目在任何时代任何地方都没像在苏联那样成了笑话的基础和动力。正是禁忌使笑话具有了局部性、封闭性、自足性等体裁特征。这些特征是笑话作为独特文学形式所不可缺少的。依靠它们，笑话才在苏联的禁忌的土壤上达到了高度的发展和繁荣。因为笑话一旦打破禁忌而实现自己的功能，便完成了自我，变为完整的实体，成功为形式，成功为一个世界。只消进入这不许逾越的结局，便整个地完成了，不需要续说和解释。笑话的自由，唯一的就在于过线，越过雷池。这使得笑话达到艺术上的完满，这个目的本身便给了笑话以灵活却又严格限定的布局，给了它某种结论式的含义，即体现于自身中的惊人的荒诞。

笑话的构筑，常常是反逻辑的，甚至是违背我们的直接生活经验的。我不知道是否存在一个概念：反逻辑（如果不存在，研究笑话理论应该建立这一概念）。笑话里有种“女人逻辑”：“我丈夫一次又一次地背叛我，弄得我也说不清自己是怀上了谁的孩子。”依照这一模式可以说：有人想说点什么，可说出来的完全是别的话。恰恰这“别的话”才是真实的原因，表现出由后往前的反向逻辑关系。而对说话人来讲，这正是“逻辑”所在。

编笑话最常见的办法是把平常和超常、真和假、近和远、自己和他人相结合，或在它们相交之处做文章。

让它们完全地相互脱离，不利于编笑话。同样地，让它们相互太接近，让讲笑话的人同笑话里的主人公合为一人，看来也是不利的。可能由于这个缘故，笑话里的夸张有一种特殊的性质，就是把鄙俗而不足道的东西加以夸大。比如通过所有这类逗笑的小事，力求表现极端的震动、极端的贪婪、极端的蛮横、极端的结论，等等。还有的笑话是比较不同民族在各方面的创造性，例如灵活、勇敢、坚强、女人的美貌、挨饿、地狱般苦难，无所不可。在比较中获胜的,常常是犹太人（“甜食吃光了,却把苍蝇卖给了中国人”），或者是俄国人（在国际画赛中获“挨饿”主题第一名，画面上是瘦瘪的屁股，结出了蛛网）。这时就把极小的东西说得出奇地怪,出奇地多,同时却又不失为极小。

我们今天的现实能留下来的只有笑话了，笑话才能使现实获得永恒。谁知道连笑话也在离我们而去。这倒不仅是因为这种真正的民间、口头文学写在纸上要减色不少，失去生动的声音、表情、手势，有时简直甚至变成了哑剧。还有一个原因，其他体裁的民间文学都可多次反复欣赏，保留在人民的记忆中，而每一个具体的笑话却很快便退出舞台，被新的更尖锐、更现实的笑话取代。全靠了新颖,笑话才有味道,有生命力,才富于变化,无处不在，才具有历史意义。也因此它才迅速更新。笑话如火花稍纵即逝，被人遗忘。虽然我们偶尔也喜欢回忆老的笑话，但总还是希望听到新的不曾知道的最近的笑话。所以人们爱讥笑那些讲老掉牙的笑话的人，甚至还专门有针对老笑话的笑话。这并非全是为了讥笑，也为促使人们喜欢这种绝妙的体裁。如有人刚讲了一个旧笑话，别人就回应说："有一回发掘古埃及遗迹，挖出一具埃及木乃伊，一只手攥着拳头。扒开手指一看，是一截纸烟头，上面就写着你刚才讲的那个笑话！"

关于笑话，讲到这里本也可以画个句号了。只是它还有一个特性，也许是最重要的特性。我要说，笑话是对世界、对事物、对新与旧的一种哲学态度。有时这新东西只是旧东西的一个变体，但终究是一个新的变体。如果我们把所有笑话看成是个不尽的链条，那么这个链条就几乎囊括了人活在世上的一切已有和可能的状态。仿佛是门捷列夫的化学元素表，留有尚未填上的空格，准备着出现新的笑话。这张由幽默故事编制成的图表，总标题就是"人的生活"、"人的存在"。

笑话做了全面地反映，且对任何戏剧性事变保持着哲人平静的态度，人们因此把笑话看成是智慧的源泉。而且这里机智与幽默融为一体，幽默中包含着智慧。我们在笑话中捕捉到对世上一切的宽容而高瞻的态度。我以为这同事物现象可以转化的思想有关，事物转化的思想是笑话的灵魂，它在笑话中得到了情节的体现，语言的物质的体现，找到了适宜的形式。其结果，在各种生活情况下，在最关键的时刻，笑话都起着参谋和帮手的作用，释疑和安慰的作用。所以，笑话的总结性、完成性结局，不仅转化为谚语、熟语，当今时代的成语，而且还能成为睿智的箴言，用来解决一切争论和矛盾，有时竟达到完满的效果。

好的笑话是向人们提供真理的，而且常常是意义深远，揭示人类的喜、怒、哀、乐。笑话就仿佛一个游戏，只有当参与者明白并且遵循其规则，才能获得成功。正如犹太哲学家维特根斯坦所言：

> 人们没有同一种意义上的幽默，这是怎么回事呢？他们各自不能确切地做出反应，好像在人们中间有一种习惯，一个人向另一个人扔过一只球，而另一个人被认为抓住了球并把它扔回。但是，有些人不是把球扔回，而是装进口袋里。①

这也正是英国人类学家玛丽·道格拉斯在其独创性

① ［英］西蒙·克里奇利：《你好，幽默》，刘冬昕等译，广西师范大学出版社，2007年5月版，第14页。

的人类学著作中比较笑话和习俗时的想法[①]。这里所说的“习俗”，是指一种象征性的行为，这种行为的意义源于哄堂大笑一连串合乎社会习惯的符号，比如葬礼。但是在遵循社会标志性结构之内，笑话又是反习俗的，比如：主教被困在电梯里了，我就把圣饼抹着黄油吃了。在特定的社会中，他们滑稽地模仿、嘲笑宗教行为，就像犹太作家米兰·昆德拉所讲的：“一个人的帽子掉在了一个放置在新墓穴中的棺材上，葬礼失去了其意义，笑话就产生了。”[②]

美国喜剧家兼导演伍迪·艾伦说：“我小时候长得并不好看，我是到长大以后才有这副面孔的。”

这句话里有一种伍迪·艾伦式的幽默，而另一个犹太影星芭芭拉·史翠珊谈到她童年在布鲁克林的日子，打趣道：“我们真是穷死了。但是我们拥有许多金钱买不到的东西，譬如未付的账单。”这两句话中不仅有一种犹太式的自嘲的况味，更有一种敢于贬低自己的勇敢。

① Mary Douglas, “‘Do dogs laugh ? ’ and’ jokes’ from Implicit Meanings”, Essays in Anthropology (Routledge, London, 1975) .

② Kundera, The Book of Laughter and Forgetting (Penguin, London, 1983),pp. 232—233，中文译本见《笑忘录》，王东亮译，上海译文出版社，2004年版，第30页，在西方的习俗中，参加别人的葬礼是不应该戴帽子的。

正如一位英国剧作家所言："一个笑话能够使人们释放紧张的情绪，说出人们无法说出口的……它还要能使人们的愿望和欲望得到解放，使他们的境况得以改变。一个真笑话，一个喜剧演员的笑话，使我们突然之间发现熟悉的东西不再熟悉，普通的东西不再普通，真实的东西不再真实，然后我们由于短暂的快乐而产生生理上的笑声。这种情况就像一个幼儿玩躲猫猫[1]，就像是一个护士对一个不配合的病人说'我们需要检查一下你是不是发烧了'，而这个病人却说：'别傻了，当然每个人都会有体温的。'"[2]幽默导致了境况的变化，使现实变得超现实化。也正是这一点使有一些人比如伟大的法国超现实主义者安德烈·布勒东会对幽默非常地感兴趣，尤其是对其中被他称为"黑色幽默"的无情的毁灭[3]。

就关于改变境况的观点，玛丽·道格拉斯曾经说："笑话是利用一种形式提供了一个机会，让人们认识到一种被接受的模式实际上是多余的。"[4]因此笑话是利用某种

---

① peekaboo：名词，〈主美〉躲猫猫，一种把脸一隐一现以逗小孩的游戏。

② 英文中"have a temperature"的意思是"发烧"，但是按照字面的意思是"有体温"，这里这个病人故意将其曲解为字面意思。

③ Andre Breton, AnthoLogie de l' humour noir (Jean——Jacques Pau-Vert, Paris, 1966).

④ Douglas, Implicit Meanings. p.96.

形式来调侃在一个特定社会中被广泛接受的行为。笑话中的冲突说出了笑话中的结构与社会结构之间大量的一致性，也通过展示其无用性而攻击了这些结构。笑话的反习俗性显示出，在我们社会之中那些习俗的彻头彻尾的偶然性和恣意性。笑话通过唤起对这种偶然性的觉悟，就能够改变我们所处的境况，在尊重社会的前提下起到批评性的作用。因此在社会运动中笑话的重要作用显示为对已经建立的秩序的批评。比如关于激进的女权主义的笑话："给卫生间贴瓷砖需要多少个人？""不好说，看你将他们切多薄了。"就像意大利情境画家的街头标语一样"你们将被笑声所埋葬"，这里的"你们"指那些当权的人。当我们嘲笑权力，我们就揭露了其偶然性，我们意识到我们所局限的环境和受的压迫实际上就是皇帝的新装，正是应该被嘲笑和奚落的。因此，笑话可以被看成是社会压抑性的表征，研究笑话就可以发现这种压抑性，换句话说就是笑话让我们发现我们可能正是自己不想成为的那种人。

英国著名诗人威·休·奥登曾经说过：

> 笑话的世界和祈祷者的世界相比较于两者与日常的工作世界的关系而言更接近一些。因为在这两个世界里，我们都是平等的……那些试图抛弃幽默

和祈祷的只靠工作生活的人，他们都变成了崇拜权力的疯子，变成了试图奴役自然以满足他们眼前欲望的暴君，这种企图最终只能成为彻底的灾难，变成塞壬岛[①]的海滩牺牲品。[②]

真幽默不仅能让我们看到世界的荒诞和愚蠢之所在，同时还为我们打开另一扇窗户去观察世界，去努力改变我们的现状，和祈祷有同样的功用。但是，幽默可能不一定能拯救我们，有时只是一种自我安慰和强烈反抗。幽默是一种荒诞的话语和行动方式，通过出人意料的话语倒置、扭曲以及爆发制造出笑料，照亮了生活在黑暗中的人们，就像犹太哲学家阿多诺所言："某一天它将照耀出救世主的光芒。"

二战发生的前几年，是"第三帝国"的"太平盛世"：失业率下降，国民经济迅速增长，经过十多年的动荡、不安和沮丧，人们重获信心。经济的高速发展掩盖了纳粹政治体制的黑暗和野蛮，尤其是对各民族和持不同政见者以及犹太人实施暴力手段，但是，随着战争的展开

---

① 塞壬岛：传说中，西西里岛附近海域有一座塞壬岛，长着鹰的翅膀的塞壬女神日日夜夜唱着动人的魔歌引诱过往的船只。

② [英] 西蒙·克里奇利：《你好，幽默》，刘冬昕等译，广西师范大学出版社，2007 年 5 月版，第 36 页。

和政治压迫的公开化，政治笑话成为当时德国一种难以控制的大众现象，人们通过轻松的玩笑，对黑暗和专制进行了非常有力的讽刺和反抗。

希特勒时期，戈林是德国纳粹的第二号人物，有这样一则关于他的犹太笑话：

> 最近戈林在他挂勋章的扣带上别了一个箭头指示牌，上面写着："背后还有勋章。"

戈林虽然由虐待狂变成杀人无数的战争屠夫，但这则笑话还是非常善意的，只是简单嘲笑了他爱慕虚荣这一点。其实，犹太人的笑话大多都是善意的，深沉忧郁又富有哲理，是他们求生欲望的体现和化解恐怖的主要手段，不妨看这样一则笑话：

> 两个犹太人据说马上要被枪毙。突然又传说，他们要被绞死。这时，其中一个对另一个说："你瞧，现在他们连子弹都没有了！"

幽默是克服恐惧的良药，也是抚平创伤的良药。1933 年 1 月，希特勒利用阴谋手段上台，成功地瓦解了魏玛共和国的民主制度，让德国大多数人感到兴奋乐观。

过了几年，“德国式问候”就成了人们彼此之间见面礼，凡是志同道合的人，一见面就会伸出右手，喊出“希特勒万岁”。因此，当时德国政治笑话的主题就变成了“德国式问候”。从幽默的角度看，当时最流行的是这个笑话：

希特勒视察一个疯人院。病人们乖乖地行纳粹礼。希特勒忽然发现一个人跳着舞从队列中走出来。希特勒带着训斥问他：“你为什么不和他们一样行礼？”那个人回答：“元首，我是这里的护理员，我没疯！”

对“希特勒万岁”这个问候方式最好的反击来自一位杂耍艺人，他训练他的大猩猩行纳粹礼，大猩猩每次只要看见穿军装的人，哪怕是邮递员，也要立正行纳粹礼。杂耍艺人的行为给人以达达主义的印象，于是有纳粹党徒将此事报告当局，禁令随之而来，此事涉及对“元首”的崇拜，不允许让猴子行纳粹礼。

国会大厦纵火案发生后，纳粹开始建立集中营，凡是有人敢于反对政府，都要被送入集中营。集中营是个无法无天的地方，那里有人受到拷打，有人被害，这是公开的秘密。经历过那个年代的人说，对于不听话的孩子，在他们做了错事后，大人会开玩笑地说，他们会进集中营的。总之，很快全德国都知道，位于上巴伐利亚的集中营是个残暴和无法无天的地方。本来应该有人起来反对这个恐怖集中营，但是没有。人们感觉到了恐怖的程度，但是不敢相信，否则应该有人出来反对。大家的反应是沉默，谁都不说什么，当作没有看见。达豪（纳粹德国所建立的第一个集中营，位于德国南部巴伐利亚州达豪镇附近）成了整个集中营制度的代名词，当时的笑话有很多与达豪有关。有个传播很广的祈祷词是这样的：“上帝啊，为了不使我进达豪，让我成为哑巴吧！”有关达豪的笑话更多的是帮助人们在恐怖时期适应环

Roudolph Herzog

HEIL HITLER,

DAS SCHWEIN IST

境,而不是真正的批判。人们编造了魏斯·费德讲的笑话,当时,他绝对不是纳粹反对者:

我做了个小小的郊游,来到达豪。那里都看见什么呢?铁丝网,机关枪,铁丝网,然后还是机关枪,然后又是铁丝网!噢,我告诉你们吧,以后只要我愿意,随时能进去!

魏斯·费德早在希特勒的“奋斗时期”就作为希特勒出场前的加演节目登台表演。为什么偏偏让他在笑话中以纳粹政权反对者的面貌出现,很令人费解。费德喜欢卖弄某种内在的矛盾性,但是对于他的政治立场是没有办法曲解的。说他是希特勒的反对者,不对,也许是观众或听众从他模棱两可的歌词中会错了意思。

达豪集中营建于1933年3月。每个人都知道,那不是个疗养院。经历过战争的那一代人说,他们什么都不知道。只要看看广泛流传的有关达豪集中营的套话和笑话,就可以发现那是站不住脚的说法。下面这个笑话很清楚地表明,集中营是个无法无天的地方,如果谁发表反对当局的言论,随时有进去的危险:

有两个男人在街上相遇。一个对另一个说:“太好啦，又见你自由了！在集中营里过得怎么样？”

另一个回答：“好极了！早晨时，早餐给送到床前。咖啡、可可供挑选。然后是体育活动。中午饭有汤、肉和甜食。在喝咖啡、吃点心之前，我们玩些游戏。随后是午休。晚饭后，我们看电影。”

问话的人很吃惊：“噢，全是瞎说的吧！前些日子我见到迈尔了。他也在里面待过，他可给我讲了一些事。”另一个人严肃地点点头，然后说：“他已经又被抓回去了。”①

毫无疑问，至少在当时批评政府已成为很危险的事。甚至喜剧演员维尔纳·芬克这个无所畏惧的《地下洞穴》的越境者，那时也得谨慎行事。每晚都有纳粹党的文化监察员光临他的演出剧场，详细记录他说的每一个字。这些戴宽边软帽的人静静坐在那里，但是十分显眼。因此芬克也针对他们的在场编了些笑话。他在表演过程中，会突然朝密探们挤眉弄眼地说：“要我慢点儿说吗？您跟得上吗？要不要我跟你走？”坐在观众群里的纳粹听到这类笑话当然笑不起来。在一份注有眼花缭乱编码(41551/35II2C8057/35)的报告中，纳粹密探写了如下

① [德] 鲁道夫·赫尔佐克：《希特勒万岁，猪死了！》，卞德清等译，花城出版社，2008 年 1 月版，第 66 ~ 67 页。

评价：

在《地下洞穴》的观众中，绝大部分是犹太人。他们对于芬克表演中卑鄙、恶毒、具有破坏性的内容（注意！）疯狂鼓掌。芬克（！）和以前的文化布尔什维克一模一样，很显然他没有理解新的时代或根本不想去理解，他用从前犹太文人的方式抹黑国家社会主义思想和一个国社党党员所奉为神圣的一切。

纳粹上台两年后，当局的忍耐到了尽头。一夜之间，对芬克采取的表面的自由态度结束了。直至 1935 年，尽管芬克还可以在乌法影业公司的各种喜剧片中演出，但全是小的客串角色。比如在平庸的电影《加拿大吹来的新风》中扮演一个令人讨厌的新闻记者。在下一部电影《四月、四月》拍摄过程中一切彻底结束了，芬克在拍片现场被直接抓走，带到位于阿尔布雷希特王子大街恐怖的盖世太保总部。据芬克说，他开始以为，也就半个小时，恐怖的一切就会过去。可是随着审问没完没了，他在《地下洞穴》的演出时间越来越近，最后不得不取消，他才意识到这次当局动真格了。当然，他并不知道，他的演出场所当晚就被关闭了，而且永远被关闭了。经过一番转弯抹角——审问他的官员们私下都是他的忠实观众——他才被告之，他必须留下来。在他的回忆录中，芬克这样描述了当时有点悲喜剧色彩的情节：

> 最后，值勤的官员不得不说实话了。他们很不好意思地、十分客气地、抱歉地对我说，他们必须逮捕我。然后他们送我到对面的监狱。在入口处，一个党卫队的人朝我走来，问我："有没有带武器？""怎么，"我反问说，"在这里需要武器？"

芬克和他的同行最后"仅仅"在集中营待了6个星期。不是戈培尔对他们开恩，他们走运的是，曾经和赫尔曼·戈林订过婚的女演员克特·多施找她以前的情人求情。戈林没有把她的话当成耳边风，原因在于那个自以为是的戈林总是喜欢和他的一贯对手戈培尔争个高低。但是营救活动没有使芬克完全获得自由，《地下洞穴》和《胡言乱语》的演员们获释后必须在正式的法庭上接受审判。

在法庭上，芬克把本来是影射纳粹剥夺公民权利的结尾巧妙地改为"被提高的权利"。检察官生气地提醒他，这里本来是"被剥夺的权利"。芬克反应极快，马上说："现在，这可是您说的！"整个大厅哄堂大笑。审判结果是，证据不足，无罪释放。芬克除了受到惊吓，安然无恙。但是判他一年不能从业，另外他也因此丢掉了工作。虽然这个勇敢的笑星重获自由，但是在集中营的日子成了他生活的转折点。

随着纳粹反犹政策的深化，许多犹太人开始流亡海外。这个时候，留在帝国内的卡巴莱演员们中还没有人预感到这种威胁在加剧。奇迹般从集中营生还的维尔纳·芬克曾经在柏林的一间卡巴莱滑稽剧场工作，这个剧场的领导人是维利·舍费尔斯，一个忠于路线的人，他只允许芬克在一定条件下表演，即在节目中不再影射政治。芬克表示同意，并说了许多安慰的话，从此在表演时比过去“稍微减弱”一些，这是一种具有双重意义的说法，意味着幽默在形式上显得不那么尖锐，而是包含在讽刺性的影射中。在一部讽刺小品中，一个女人向他打听时间，芬克调皮地回答：“人们不允许我谈论时间。”[①]观众会心地笑了，因为每个人都知道，他被封上了嘴巴。尽管如此，芬克还是继续针砭时弊。一个受人喜爱的笑话是这样的：

有个人去看牙医。牙医说：“请您张开嘴巴。”病人回答：“为什么？我根本就不认识您。”

芬克向人们明显地暗示，他被禁止说话。与此同时，有密探向上级报告，一场政治迫害正悄悄向芬克袭来。

---

① 德语中，时间与时代是同一个单词。

对芬克的打击，是戈培尔一手策划的，他一定要将政治笑话“彻底铲除，连根拔掉”。因为在那个时候，谁要敢于说政府和战争的坏话，谁就是“人民的害虫”和“破坏者”，可能马上就会被枪毙。于是，芬克被迫报名上了前线。但是，到了军队同样要注意避免发表批评言论，“爱发牢骚的人”同样会受到法律制裁。

“野火烧不尽，春风吹又生”，虽然芬克消失了，但讽刺希特勒的犹太笑话却越来越多，这又是一则：

> 希特勒和他的司机开车到乡下去。突然，砰的一声，撞上了东西！他们的车压着一只母鸡。希特勒对司机说：“我们必须将这件事情告诉那位农民。这件事让我去做。我是元首，他会理解的。”过了两分钟，希特勒跑回来，双手捂着屁股。农民将他揍了。两人继续行驶。突然，砰！啪！又是一声碰撞。他们压着一只猪。希特勒对司机说：“这一回，你去农民那儿！”司机服从命令，但过了1个小时才回来，喝得醉醺醺的，手里还提了一只篮子，里面装着香肠和火腿。希特勒十分惊讶：“啊，我的上帝，你对农民说了些什么？”司机答道：“我只是说：希特勒万岁，猪死了！然后他们就给了我这些礼物！”

另两则笑话则预示了希特勒的失败：

希特勒、戈林、戈培尔以及粮食部长巴克举行作战会议。希特勒问戈林："飞机和汽油能维持多长时间？"戈林答："5 年，我的元首！"希特勒问戈培尔："通过宣传，国民的士气能够维持多久？"戈培尔答："10 年，我的元首！"希特勒问巴克："您能为我们供应多长时间粮食？"巴克答："20 年，我的元首！"希特勒用惯常的语气说："那么，我们就可以长期作战下去！"巴克不好意思地说："我指的是只供应我们四人！"

问："为什么元首做出如此滑稽的举手礼？"（希特勒在行礼时常常只是弯曲地伸出右手，而且手心斜着向上。）答曰："因为他战后想当酒店侍应！"

而希特勒对犹太人的残酷迫害，也在笑话中表达出来：

犹太人都面临着盖世太保们的枪杀。这时执行此任务的党卫队指挥官突然来了兴致。他朝一个犹太人走去，对他说："喂！你看起来真有点像我们雅利安人。我想给你一个机会。听着，我的一只眼睛是玻璃做的假眼珠，然而它做得很逼真，不是那么容易被看出来。如果你一下子就能猜出我的哪个眼睛是假眼，我马上就放了你！”那个犹太人毫不犹豫地回答道：“左眼！”“你怎么认出来的？”“很简单，因为那个眼睛显得特别温柔。”

从 1941 年 1 月开始，所有犹太血统的人，不管是德国人、荷兰人，还是法国人，都必须在外衣上佩戴黄

色的“大卫之星”标志。这个措施的意义在于：让大家都看得到谁是犹太人，通过这种方法把所有犹太人从世界大家庭中排除出去。对于所有佩戴了六角星标志的人来说，从此开始了一场可怕的“夹道鞭笞”，也就是说，他们暴露在所有人面前，受到众人的嘲笑和蔑视。而犹太人对抗此举的办法就是用玩世不恭的幽默来回答他们每天要面对的无尽的羞辱。黄色的六角星被他们戏称为“犹太人的功勋奖章”，好像它是一种特别的荣誉奖赏似的。

对于犹太人来说，比一切种族歧视更可怕的是担心被遣送到东部去。这个措施是从1941年春天开始执行的。这种用运牲畜的货车运送犹太人的做法官方称之为“迁移”。有时它又被玩世不恭地冠以“搬家”。而这些被迁移的人实际上没有一个人最后能返回故里的。可是他们家乡的德国人对此却始终保持沉默，后者故意把目光移开，装着没有看见似的。所有被迁移的人都预感到，这次旅行不会把他们带到东部所谓的“天堂般”的犹太人村庄。当然犹太人自己对他们的这种遭遇感到万分痛苦，正像下面这个幽默故事所表明的：

犹太人有多少种？回答：两种：乐观主义者和悲观主义者。他们之间如何区别？悲观的犹太人早就流亡海外了，而乐观的犹太人却在德国的集中营中。

尽管在东部地区发生的事情是那么难以想象，以致只有极少数人能预感到希姆莱和艾希曼之流以后会炮制出来的那种魔鬼般体制的全部规模，但是当时有很多事情还是很清楚的，譬如说：对犹太人的这种放逐实际上是死亡之旅。随着战争的爆发，集中营里的情况急剧恶化。1939 年时，虽然还没有发生后来的有组织的大规模屠杀，但是当时已有数千人死于营养不良和瘟疫！不仅那些被非法带走的人和被关押的人生活状况十分恶劣和缺乏人的尊严，就是占领区分配食物的方法也有两种标准，谁倒霉做了犹太人就遭殃了。以下是饥饿的人们对他们的德国占领者用书面形式表达的“恭维”：

> 占领者很懂得一些营养学。他们科学地确定：德国人平均每天要摄入 2500 大卡热量，波兰人只需要 600 大卡就够了，而犹太人更是经济实惠，184 大卡就能满足需要了。

另外一个更加厉害的幽默故事出自被占领的阿姆斯特丹。那儿的犹太人同样挨饿得厉害。德国人故意给他们非常少的食物配给——一个可怕的、非人道的措施。一个有这样遭遇的犹太人回忆说：

用那些配给的食品票根本没法活，至少也是活得非常差。对此有这么一个好的幽默：有个人想自杀，去上吊，但是绳子的质量太差，人刚挂上去，绳子就断了。于是他想放煤气自杀，但是煤气供应被切断了（去年冬天是从两点到五点没有煤气供应）。最后他只好靠他的配给卡苟延残喘，而这次他却一下子成功地死去了。为了额外地、秘密地获得一些配给食品票，犹太人不惜花重金购买它们。节约钱是毫无意义的，因为他们深信，他们随时都可能被放逐。每个人都有这样的预感：钱对于被放逐到东部去的人是没有任何用处的。因此每个节约下来的铜板都被用来交换食物了。

把犹太人饿坏，当然是残酷计划的一个部分。螺丝被旋得越来越快，越来越紧，没有可能逃跑。在受难者中绝望的感觉越来越普遍，因为通往自由的出国之路对犹太人来说从战争一开始就彻底关闭了。落入纳粹魔掌的人们的绝望之情只能在幽默中找到自己的语言来表达了：

希特勒入侵奥地利后，有一位犹太人到维也纳的一家旅行社去咨询移民出国的可能性。旅行社职员的面前有一个地球仪，他用食指指着地球仪，从一个国家移到另一个国家，说："移民巴勒斯坦之路已被切断，去美国的额度已满，获得英国的签证则比上天还难，而到中国、巴拉圭和巴西都需要经济担保。波兰甚至不允许波兰自己的犹太人重回波兰……"

这个犹太人听了职员的话后，绝望地用食指指着地球仪问："能否换一个地球仪啊？"

难道换个地球仪反犹主义就不存在了吗？中国可能是全世界唯一没有反犹的国家。但是不管境况多么糟糕，纳粹也未能将犹太人的幽默感驱除。正如滑稽演员弗利茨·格林鲍姆所言："系统的营养不良是

治疗糖尿病的最好药物。”可是他那天真的、痛苦的幽默感并不能掩盖这样的事实，即囚禁生活使他变得越来越虚弱。1940 年 10 月，他又被转押回达豪集中营。其时弗利茨·格林鲍姆已患了严重的胃肠结核。他最后一次演出是在这儿的铁丝网后面，他给他的难友们讲粗野的笑话，再一次唱了他拿手的著名法国歌曲。一个当时情况的见证人说，他非常活泼地演唱以后，突然筋疲力尽地倒在地上，昏迷过去了。几天之后，他的一次自杀行动又失败了。1941 年 1 月 14 日，这个明星小丑走完了他的人生道路。死亡证书上的死亡原因，被盖世太保们玩世不恭地写为“心肌麻痹”。

库尔特·格隆是当时另一个非常著名的滑稽演员，曾用荷兰语为迪斯尼的动画片《白雪公主和七个小矮人》配过音，但是，他后来也被送进了集中营，并被迫和他的小剧团“旋转木马”在集中营中演出，目的是制造美好的假象，从而欺骗根据丹麦政府的要求来集中营考察的国际红十字会。有一次，剧团被指定到一个礼堂演出，然而在礼堂里面却堆放着数十具赤身裸体的死尸。演员们害怕极了，但是演出并没有因此取消。由于旋转木马剧团的演职人员在死人面前害怕得恶心不止，格隆就召来集中营中所有的盲人囚犯，由他们组成一个人链，把死尸一个接一个地沿着楼梯传到楼下。在楼梯的尽头等着一辆车，装载那些死尸，把他们运走。由于盲人看不到那些面目变得狰狞可怕的死尸，所以由他们来执行这个任务相对而言要轻松很多。就在当天晚上，在这个礼堂举行了盛大的演出晚会。这简直是一次怪诞的死亡之舞。在特蕾西亚城集中营这样一个地方来制造欢笑，真可算是既异乎寻常又荒谬绝伦，已经没有什么可以失去的格隆全身心地投入到他的艺术创造之中。

这真可谓“笑话中的笑话”啊！在一个政治笑话和幽默盛行的国度里，一定有一个巨大而无形的网笼罩着每个人的命运。如果连笑话也没有了，那活在这个世界上多可怕啊！

五、犹太式幽默：悲剧式的自嘲

许多幽默文论都以学者怀特的名句开头："幽默固然可以像青蛙一样被解剖，但其妙趣却会在解剖过程中丧失殆尽。"

说得一点不错，但又不能不说。难道幽默的主要目的就是娱乐和玩笑吗？笑完就完了吗？

英国心理学家、哲学家詹姆斯·萨利说："笑反对一本正经地对待事物。它使我们的心境暂时回归童真的时代。"美国漫画家、作家比尔莫尔丁说："幽默其实对伤心与痛苦一笑置之。"伍迪·艾伦说："喜剧中的不足在于，它虽然在嘲弄某一事物，但却从未正视过它。"

恐怕许多人反对艾伦的观点。真正的幽默不仅揭示和阐释问题，更如利刃般解剖问题，妙语连珠、刀刀见血。幽默不仅是带刺的花冠，玩笑是浅层次的，深层次的是对痛苦的反击，而且是对双方都施予的集体治疗。从而减少人们的敌意、焦虑和进攻性行为，让人们从个人的犯罪感和复仇感中解脱出来，得到一种心理平衡。幽默是批评，机巧是社会批评，其目的是贬斥。对他人来说，幽默有时意味着痛苦和消除残酷。幽默是锐利的，是诙谐中的严肃，就是用人类的智慧和头脑的敏捷力，挑战和反抗那些非人道的恶势力。正如弗洛伊德所言：“当幽默使嘲弄直指通常不会遭到社会批评的‘神圣’领域时，幽默便成为‘穷人’反对‘富人’的武器。”幽默家是严肃的作家，是喜剧中唯一严肃的人。

梅尔文·赫利茨是美国俄亥俄大学克利普斯新闻学院的教授，曾写过一篇有关幽默的很重要的论文，名为《幽默的六要素》，他的主要观点如下：

幽默有六种因素——如同食谱中的调料——对幽默是否能够达到预期的效果起着重要的作用。无论幽默表现为四字一句的诙谐语、长篇大论的掌故，还是戏剧性片断，这六个要素并存，缺一不可，否则就会减弱幽默的力量。按照认识过程，这六个要素分别是：(1) 敌意(hosility)；(2)进攻性(aggressin)；(3) 现实性(realism)；(4) 悬念 (tension)；(5) 夸张 (exaggeration)；(6) 惊奇(surprise)。幽默大师最赞赏的莫过于古罗马诗人、批评家贺拉斯的一句话：“世界对爱思考的人来说是出喜剧，对动感情的人来说是出悲剧。”因此，按照赫利茨的分析，幽默是帮助人们消除日常生活中敌意的良药。最能引起敌意的问题有：(1) 男女关系中性行为的失意；(2) 威权介入人们的私生活；(3) 家庭矛盾；(4) 经济状况；(5)

焦虑；(6) 技术和恶化的环境带给人类的问题；(7) 人类的偏见、陋习和劣根性。

对于上述观点的第一个注脚便是伍迪·艾伦的一句话："我终于达到一次性高潮，但医生却说不是那么回事。"伍迪·艾伦的第二句话也很有趣："脚踏同性恋和异性恋两条船，立刻就会使你周末晚上约会的机会加倍。"下面几则笑话则是其他问题的注解：

一位妇女突然从心理学家的躺椅上站起身，手里拿着枪对着他说："你现在知道得太多了。"

一位老人在过 100 岁生日时说："我的长寿之道是从不吸烟喝酒、不玩女人、每天早晨六点钟起床。我的一位兄弟也如此，不过他只活了 80 岁，因为他没有持之以恒。"

四位医生的妻子刚刚来自某中西部城市，但她们却毅然走上曼哈顿街头买东西。她们的丈夫对本地的犯罪行为深感不安。"如果有人要你们的钱包或首饰，那就按他们的要求去做，不要反抗。"一天早晨，她们刚走出旅馆电梯，一位体面的黑人领着一条大猎犬走了过来，他只朝妇人扫了一眼，然后命令狗说：“蹲下！”四位妇人便立即坐到了地板上。

上述三则故事暗含了赫利茨幽默六要素中的许多要素，诸如敌意、现实性、夸张和悬念等，使人通过这些故事来洞察世界和人心。但是，好的笑话常常讲的是辛酸的事，正如一则犹太笑话所言：“一位高贵的夫人在电车上找不到座位。周围没有一个绅士起身让座。只有一个身材矮小的、谦卑的犹太女孩让出自己的座位。但是，这位妇人却惊恐地拒绝这个‘犹太人’的座位。这时一个上了年纪的男人缓缓地站起来，指着自己的座位说，这是纯粹的‘雅利安人’的座位。”这是一则苦涩的笑话。另一则笑话是一则反犹笑话，讽刺的则是犹太人的“贪婪”和“狡黠”：

犹太人平库斯和一个德国人在森林里遭到袭击。拦路强盗正要抢劫这两个人。这时，平库斯很快拿出钱包，对他的同伴说：“不好意思，我还欠您500先令，现在还给您！”

这是一个诽谤性的笑话，同样揭示了犹太人的悲惨命运。杰克·克罗尔说：“笑是理智与非理智的高潮。”

而孩子的幽默常常是把真理和纯朴天真的劲头结合起来，从而使人产生愉快感：

在冷山上，一只小北极熊站在它妈妈的身边，沮丧地对妈妈说："妈妈，不管别人怎么说，我可是冷极了！"

一个5岁的孩子对他爷爷的假牙迷惑不解，于是希望他爷爷取下洗完再安上，并让爷爷一遍遍地给他做示范。最后爷爷说："孩子，你还要我做什么？"

孩子说："爷爷，能不能把你的鼻子也取下来？"

埃里克·艾德写道："幽默通过讽刺把一切变成影像。幽默指明事物如何荒谬，把悬念从人们难以置信的现实中消除，从而引人发笑，因此，衡量一个国家自由的标准从它允许喜剧发展的程度中不难看出。"

弗洛伊德认为，引起悬念的笑话表现了悖论或冲突，而妙语连珠引起的笑则冲散了悬念。最近的一项研究表明，笑声并不能使我们停止思考，正如美国教育家威廉·戴维斯所说："我所喜欢的幽默能让我笑5秒钟之后再想5分钟。"

上述观点是从幽默的技巧方面来进行探讨的，按照另一个美国人埃德蒙德·伯格勒的观点，神秘幽默有四大支柱：机智、滑稽、自嘲和反语，这是幽默的内在品质。所有的幽默，都是说明内在意识，是一个在心理上拒绝承认害怕自我虐待的反映。拒绝承认的方式多种多样：以妙语和滑稽的方式拒绝承认，是一种防卫性的佯攻；以自嘲的方式拒绝承认，即先发制人地对自我发起攻击，以避免他人的揶揄；以目睹或倾听他人"反语"的方式拒绝承认，这样可避免暴露自我虐待承受的痛苦；以发表讥讽的评论的方式拒绝承认，对眼前的悲剧产生一种否认的幻觉，即一种基于自我陶醉的防卫。

因此，关于幽默有一种由来已久的说法，即：真正的讽刺家都是"忧郁症"患者，正如威廉·拉伯所言："笑是世界上最严肃的事情。"洛姆布罗索在其作品《天才》前言中所讲的一则故事也肯定了这一看法："有一天，一名患者来找阿伯内西看病，经过详细诊断后，阿伯内西对患者说，你去找笑星格里马尔德谈谈吧！他的话将会逗你发笑，对你来说，这比服任何药都有效。这位患者叹了口气说：'天哪，我本人就是格里马尔德。'"为什么是这样，因为这些幽默家正是试图用自己的思想改变和拯救这个残缺的世界，从而整天变得忧心忡忡，自然很容易变成"忧郁症"患者。讽刺是面向他人的，而幽默是面向自己的。

“自我嘲弄”这个词是美国人亨利·亚当斯创造的，它的作用机理是病态的，是用来形容那些不需要听众的玩笑，因为开玩笑的人所尽的努力是为了进行“内部对话”和自我心理诊疗。在讽刺作品中，这种“自我嘲弄”是一个“忧郁症”患者的病态体现，目的不是伤害别人，而是自我鞭笞，有一种自我虐待的“痛苦”，从而用弗洛伊德所谓的“超我”来摆脱困境和绝望的情境。失望的自我被逼上绝境后，开始反击，也向超我进攻，陷入初期的自我陶醉，片刻之间，在一种否认的幻觉中脱离现实或与现实达成和解，从而得到快乐和自我安慰。犹太人的幽默，无论是肖洛姆－阿莱汉姆，还是艾·辛格和马拉默德，都有这个特点，有一种悲剧式的自我嘲讽的感觉。

喜剧是搬起石头砸别人的脚，悲剧则是搬起石头砸自己的脚；喜剧性强调人类的永恒性和典型性，悲剧性则强调人类的终结性；喜剧轻浮，悲剧严肃；喜剧意在宣泄和批判，悲剧意在思索和超越；喜剧一般都是以大团圆为结尾，悲剧则是绞刑架下的幽默。因此，真正深刻的幽默是悲剧而不是喜剧，不仅要让人们批评世界的丑陋和看到世界的荒诞和愚蠢，而且通过思索和反叛，使人获得存在的意义和生命的智慧。正如犹太哲学家卡西尔所言："喜剧艺术……能够接受人类生活及其一切弊病和缺点、愚昧和罪恶……我们了解这个世界上的一切褊狭、卑微和愚妄。我们生活在这个有局限的世界上，但我们已不再为它所触动。这就是喜剧性宣泄的独特性质。事物与事件开始失去它们的实体重要性；蔑视被化成了笑，而笑就是解放。"卡西尔的观点意在强调喜剧的超越性，但柏拉图却意在调和悲剧和喜剧之间的矛盾。他在《法律篇》中那良好但并非完美的共和国里，也为喜剧诗人安排了一个位置（可加以调整），因为"也有必要考虑和了解不得体和有意引人发笑的人和思想……因为若无可笑的事物，严肃的事物就不能被理解，如果一个人真正具有对付两方面的智力，那么对立面若无对立面就根本无法理解；然而如果他具有任何程度的美德，他就不可能同时作出两方面的行动"。可是他把悲剧诗人排除在社会之外，因为"我们的整体状态是对最好和最高尚生活的模仿，我们确认那是悲剧的真谛"。在《理想国》中理想的共和国里，在这纯粹行动的世界里，苏格拉底论辩说："即使两类模仿是紧密相连的，同一个人也不可能在两方面都获得成功，如悲剧和喜剧的作家。"他把一切文学都作为模仿而加以摒弃，认为它们兜售的是享乐而不是真理。然而在《会饮篇》的结尾，在苏格拉底给他的友人们略讲了一番最崇高的境界之后说："剩下的只有苏格拉底、阿里斯托芬（代表喜剧）和阿伽通（代表悲剧），他们用一只大杯子轮流传递酒，苏格拉底一边对他们说着话，……要说服那两个人承认，喜剧的才赋与悲剧的才赋是不相上下的，真正的悲剧艺术家也完全可以是一个喜剧艺术家。他俩被迫同意这一点，但已是昏昏欲睡，对此论点不甚了了。先是阿里斯托芬睡着了，其后在天将破晓的时候，阿伽通也睡着了。"

现实主义的哲学家（从亚里士多德开始）一直偏爱悲剧，而理想主义哲学家（从柏拉图开始）则一直偏爱喜剧。如果是这样的话，那么，对于喜剧性宣泄的最为崇扬和精妙的看法出自丹麦教哲学心理学家索伦·克尔凯郭尔，也就毫不奇怪了。克尔凯郭尔视自己为继承着哲理性 eiron 的苏格拉底式传统，"说话如同疯子"。对他而言，"领悟真理的方式即是真理"。因而要对他的理论进行概括是困难的，甚至是不可能的。

对于克尔凯郭尔来说，"存在于喜剧性与悲剧性两者根源的是……差异性，即无限与有限之间、永恒与变化之间的矛盾"。悲剧性将个人束缚于这种差异性而使其受苦。喜剧性则摆脱它而上升到没有痛苦的状况。通过嘲讽，一个人能超出直接情绪感受的"审美"生活，上升到"伦理"人强烈的自我意识。超越于伦理的生活，宗教的人完全意识到他的内心自我，并通过其完全意识到绝对的、无限的理念！他借助幽默使自己隔离于一切活动（但并不是变得毫无活动）。它“永远是……对往事的回想，是成年人对童年的回忆……是回顾的视角”。“当面朝着理念看时，对无限与有限之间差异性的领悟就是痛苦；当背对着理念看时，这种领悟则是喜剧性”。因此，一个人的喜剧性感受力标志他超越普通事务（情绪感受、伦理操行）与企及绝对理念的程度。（所以柏拉图应该说成是阿里斯托芬而不是阿伽通一直熬夜到黎明。）

美国神话学家约瑟夫·坎贝尔说：“童话、神话和灵魂的神圣喜剧的欢乐结局，不应被理解为一种矛盾，而应被理解为对人类普遍悲剧的一种超越。”“客观世界依然如旧，但由于主体内部着重点的转移，它被视为如同已经历过变迁。原先是生命与死亡相对抗的状态，现在显示的则是持久的存在——它毫不受时间变故的影响，就如在壶中沸腾的水毫不受水泡有无的影响，或如宇宙毫不承受一个星群的出现与消失之影响。悲剧粉碎形式及我们对形式的依附；喜剧放荡不羁、无所顾忌，是不可征服的生命的无穷欢乐。”

英国诗人、评论家柯尔律治更为简单明了地说：“在幽默中，渺小被变为伟大，伟大被变为渺小。这是为了把两者都予以破坏。因为与无限性相对照，一切都是同等的。”

纵观犹太人的历史，一直是一部跌宕起伏的悲剧，他们早期用于反抗的唯一手段就是渴望上帝的拯救，或用一种悲剧式的自嘲获得灵魂的慰藉。正如俄国哲学家别尔嘉耶夫在《犹太教的命运》一文中所言：“犹太民族在历史上能继续生存而未被消灭，它作为世界最古老的民族之一，在极其特殊的条件下得以延续，在历史中起着决定性的作用——所有这些都说明，这个民族的历史命运有其特殊的神秘的基础……围绕犹太教的命运，可以特别紧迫地感受到历史的悲剧色彩……以色列人期待过审判日，把末日审判当做本民族摆脱其悲剧的历史命运的出路，当作向世界的某个能解决一切问题的崭新时代的过渡。救主降临思想决定了这个民族的历史戏剧性……犹太民族永久地成了神的民族，即具有悲剧性历史命运的民族。[①]显而易见，犹太人的上帝一直未出现，于是犹太人只能用“悲剧式的自嘲”对自己进行末日审判，从而赢得或迎接弥塞亚的救赎。这就是“犹太式幽默”形成的宗教机制和必然性，是犹太民族所特有的文化精神。

---

① [俄] 别尔嘉耶夫：《历史的意义》，张雅平译，学林出版社，2002年6月版，第69～71页。

当然，“犹太式幽默”中经常出现的机智、滑稽、自嘲、反语和格言、笑话和故事形式，和《圣经·旧约》的“智慧文学”性是无法截然分开的。《旧约》中的《箴言》和《传道书》中多次出现问答体、比喻体、寓言和谜语体等，格言和笑话更是《塔木德》的主要形式，这些形式是每一个犹太人的“历史本能”。整篇的《约伯记》都是以朋友之间的对话来辩论探讨“信仰与受苦”的问题。《箴言录》（30：24—28）用四种动物或者自然现象来教导人们的故事，“地上有四样小动物，却甚聪明。蚂蚁是无力之类，却在夏天预备粮食；沙番是软弱之类，却在磐石中造房；蝗虫没有君王，却分队而出；守宫（即蜥蜴）用爪抓墙，却住在王宫”。而《诗篇》（78：1—9）甚至以谜语的方式来教导犹太人理解他们的历史。

在犹太人的心目中，这种“智慧文学”被称为“刺棍”和“钉稳的钉子”[1]。刺棍是游牧社会所常用的驱赶牲畜的工具，当牲畜懒惰时，牧者则用刺棍使其前行，以示“智慧文学”具有刺激听者更勇敢、更积极地面对生命的意义；钉稳的钉子，则指人的思想有所依靠，有着稳固的基础，说明智慧文学有着稳定的价值观。智慧文学

① 圣经·《传道书》（12：11）所言“智慧的人言语好像刺棍；会中之师的言语又像钉稳的钉子，都是一个牧者所赐的”。

代表了犹太人在律法——先知传统之外的一个很重要的传统。律法—先知传统以上帝对人的启示为核心，智慧文学以理性和思考为根本，目的是寻求真理和更深层次的宇宙奥秘。因此，在以“智慧文学”为背景的“犹太式幽默”中，真理是向所有人开放的[①]。

① 李炽昌、游斌：《生命言说与社群认同：希伯来圣经五小卷研究》，中国社会科学出版社，2003年10月版，第91页。

六、“犹太式幽默”与中国式幽默的比较

柏格森是法国犹太哲学家，生命哲学与直觉主义的主要代表之一，创造进化论的提出者，曾获 1927 年的诺贝尔文学奖。他在一本专门研究“笑”的专著中指出，人是能笑的动物，也是引人发笑的动物，无动于衷的心理状态是笑的自然环境，笑的最大敌人莫过于情感。因此要理解笑，就得把笑放在它的自然环境里，也就是放在社会中，笑必然具有社会意义。他说：“笑当中也有美学的内容，因为滑稽正是产生于社会和个人摆脱了保存自己的操心，而开始把自己当做艺术品看待的那一刻……那就是身体、精神和性格的某种僵硬。它处在一个人们出乖露丑的中间地带。社会要进一步消除这种身体、精神和性格的僵硬，使社会成员能有最大限度的弹性，最高度的弹性。这种僵硬就是滑稽，而笑就是对他的惩罚。”[①]因此，滑稽摇摆于生活与艺术之间。畸形的笑容、驼背，肌肉痉挛、一个固定的鬼脸，都是导致笑

① ［法］亨利 · 柏格森：《笑》，徐继曾译，北京十月文艺出版社，2005 年 1 月版，第 14 页。

的因素。滑稽与其说是丑，不如说是机械与僵硬。这种机械与僵硬，表示的是一种个人或集体的缺陷，笑就是一种纠正。

有这样一则笑话：

> 有一次，一个拉比在讲课，所有的人都流泪了，只有一个人无动于衷。别人问他为什么不哭，他答道："我不是这个教区的。"

这个人的回答就是一种机械与僵硬，或者说是一种"心不在焉"和陈词滥调。按照法国哲学家亨利·柏格森的理论："凡与精神有关而结果却把我们的注意力吸引到人的身体上去的事情都是滑稽的。"犹太式幽默中的许多故事和笑话，都可以用柏格森的这句话去阐释。笑是用来羞辱人的，笑首先是一种纠正手段，为了能击中要害，笑必须是思考的产物，笑的背后是苦涩。笑是一种带盐分的泡沫，跟泡沫一样，它也闪闪发光。它是滑稽或欢乐。但是把它掬起来尝尝味道的哲学家，有时候却会从里面发现少量苦涩的物质。

前文所述，"犹太式幽默"的本质就是"悲剧式的自嘲"。除此而外，它还有六大特征：

一、直面残酷和黑暗的历史与现实；

二、调侃和嘲弄权力与神圣；

三、隐喻、荒诞和丰富的想象力；

四、讽刺、反讽和批判人类的劣根性；

五、深刻的思想与悲天悯人的情怀；

六、用含泪的笑话来抵抗和超越世俗生活的无聊悲苦。

诺贝尔和平奖得主犹太人威塞尔在一篇谈论美国作家伯纳德·马拉默德的文章中写道："他的主人公——通过他们的苦难，他们的焦虑，和他们最终给自己的绝望带去的希望——也是犹太人。在他的作品中那只鸟叫做犹太鸟，死亡天使叫做金兹伯格……做西班牙人是世界上最沉重的事。而做犹太人则更其如此，伯纳德·马拉默德的新小说向我们显示了为什么。"[①]犹太人的沉重，同他们几千年所经历的残酷与黑暗的历史是分不开的。因此，威塞尔——这位捍卫记忆的人，在不断拷问着犹太人的灵魂和受难对犹太人的意义。他说："我已受过苦难，我被创造来受苦，我能做的只是更贴近我的民族。而那是可以理解的。不然就是：我已受过太多的苦难，

① ［美］威塞尔：《一个犹太人在今天》，陈东飙译，作家出版社，1998 年 7 月版，第 317 页。

我再没有力量剩下了，我退出，我不希望我的孩子们继承这苦难。”奥斯维辛发生的大屠杀，是每个现代犹太人心灵中永远也挥不去的梦魇，600 万人头上究竟发生了什么？这永远是不容篡改的历史。正如威塞尔所言：“大屠杀与那些坚持记忆它的人如今正在许多地区受到越来越狂暴的攻击。倘若攻击者得逞了，便意味着一场胜利。而那时，只有在那时，我们才会知道真正的耻辱。”

而事实上，几乎所有的犹太作家都没有逃避沉重的历史与现实。无论是卡夫卡笔下的 K，还是艾·辛格笔下的傻瓜，都驰骋在生和死，笑和泪，明智和无知的广阔天地中。他们代人受过，遭受辱骂和嘲笑，却拥有质朴的智慧和儿童般的天真。他们的悲剧性中暗含着喜剧，受难使人既想哭又想笑，成为一种幸福的标志。他们虽然历尽磨难，却比明哲睿智的人更懂得生活的真谛，仿佛现代“圣徒”一般。用尼采的话说就是：“受难使人崇高，受难使人独特。”

恩斯特·托勒尔是 20 世纪 20 年代德国最伟大的戏剧家之一。由于他是犹太人，又敢于直言反对纳粹主义，因此他的作品在 1933 年遭禁。1927 年，托勒尔出版了《法庭经历》一书，书中以令人毛骨悚然的细节描写了巴伐利亚司法和刑法制度的不公正。毋庸置疑，他在监禁期间受到过严刑：他在书信中谈到周期性头痛和失眠，他的烦躁心情与日俱增，他常常为自杀的念头所困扰，在对德国政治前途深沉的悲观主义思想中，支撑他的是对人类道德重获新生的渴望，他的自传中表达了许多犹太人共同的理想：

> 我还从自己的信念当中获得安慰；对于一个公正、自由、仁慈的世界，一个没有恐惧和饥饿的世界的信念。①

托勒尔特别关注希特勒政党的发展与变化。早在1923年，他在剧本《被释放的沃坦神》中就将希特勒描写成一个残酷无情的自大狂。1933年5月，当托勒尔的书被焚时，他给负责这一臭名昭著事件的宣传部长戈培尔写了一封

① [加拿大]，雷内特·本森：《德国表现主义戏剧——托勒尔与凯译》，汪义群译，中国戏剧出版社，1992年8月版，第19页。

公开信："您借口拯救德国文化，可实际上却在毁灭德国文化最杰出的产品。您借口唤醒德国青年，可实际上却在蒙蔽他们的思想、眼睛和感觉。您借口将犯罪分子清洗出去以净化德国，可您却在迫害最弱小无辜的人民，犹太人。"在这以后的流放岁月中——从 1933 年至 1939 年他死亡为止，托勒尔从未中断他的政治活动和写作。1937 年，他的健康状况恶化，一直被严重的头痛和失眠缠住。1938 年，他的婚姻解体了，而且生平第一次经历了经济上的失败。虽然如此，他还发起了一项援助西班牙内战受害者的国际活动，并得到了毕加索和托马斯·曼等人的支持，最后甚至成功地劝说美国总统罗斯福建立一个委员会，为西班牙人民募集了 5 亿美元的捐款。然而，最后佛朗哥政权还是得到了法、英、美等国的承认，从而使托勒尔的援助行动宣告失败。1939 年 5 月 22 日，托勒尔在纽约五月花旅馆自缢身亡。托勒尔的自杀是他不惜一切反对法西斯和希特勒的最后表态。

《亨克曼》写于 1923 年至 1933 年间，是托勒尔几十部作品之中最成功的一部，后来遭到纳粹禁演。剧中主要角色亨克曼是一个无产者，尽管他在战争中失去了性功能，但他还是深爱着他的妻子格蕾特。他为了给妻子买一件圣诞礼物千方百计想得到一份工作。最后被迫接受了一份差使：在狂欢节上当众咬活老鼠并吸它的血，以此来愉悦观众，因为“群众是喜欢观看流血的”。亨克曼的朋友格罗斯哈思为了勾引格蕾特，不仅故意带格蕾特去狂欢节看亨克曼的当众表演，还故意揭露亨克曼丧失性功能的秘密，并不断羞辱亨克曼。亨克曼不堪重负，当众晕倒，在苏醒后赶回家中，他给格蕾特带回的圣诞礼物，是他买的一只男性生殖器模型。虽然最后夫妻和解了，但由于他们那种根深蒂固的绝望，双双自缢身亡。亨克曼的悲剧是托勒尔对当时德国社会状况的客观记录，也是对“犹太式幽默”最深刻的解读。正如托勒尔后来在给另一个犹太作家斯·茨威格的信中所言：“悲剧将永远不会中止。共产主义同样有它的悲剧。永远存在无法治愈痛苦的个人。”

阿瑟·米勒是当代美国剧作家当中，自尤金·奥尼尔于 1953 年逝世后，最受西方重视的剧作家。他的代表作有《推销员之死》《炼狱》和《桥头眺望》等，也是一位易卜生式的社会剧作家。阿瑟·米勒的父亲是一位犹太裔的妇女时装商，在 20 世纪 30 年代初大萧条时期破产；母亲是中学教员，为此只好靠变卖她的首饰维持家庭生计。因此，米勒的戏剧侧重于对美国现实问题的揭露和批判，也是典型的“犹太式悲剧”。《推销员之死》发表于 1949 年，在百老汇连续上演了 742 场，荣获普利策奖和纽约剧评界奖，从而使米勒赢得国际声誉。

剧本叙述一名推销员威利 · 洛曼悲惨的遭遇。威利因年老体衰，要求在办公室里工作，却被老板辞退。他气愤地说 :“我在这家公司苦苦干了 34 年，现在连人寿保险也付不出！人不是水果！你不能吃了橘子扔掉皮啊！”(剧中一直没有交代他推销什么，有人问作者，他说 :“威利在推销他自己。”）威利在懊丧之下，责怪两个儿子不务正业，一事无成。儿子反唇相讥，嘲笑他不过是个蹩脚的跑街罢了。老推销员做了一辈子美梦，现在全部幻灭了，自尊心受到严重挫伤。他梦呓似的与他那已故的、在非洲发财致富的大哥争论个人爱好的事业，最后他为了使家族获得一笔人寿保险费而在深夜驾车外出撞毁身亡。《推销员之死》的主人公都是犹太人，从某种程度上也揭示了犹太人在美国的悲剧性命运，让人感到非常地心酸，批判了商业社会的冷漠和残酷。正如米勒在《悲剧与普通人》一文中所言 :“如若悲剧是一个人全力以赴地要求公正地评价自己所带来的后果，那么他在这样做的时候所遭到的毁灭就提出了环境里的缺陷或邪恶。这正是悲剧的寓意及教诲，悲剧孕育的启示就是所发现的道德法则，而不是新发现的某种抽象的或玄学的因素。”[①]米勒的这段话也恰恰道出了“犹太式幽默”

---

① ［美］罗伯特·阿·马丁编:《阿瑟·米勒论剧散文》，陈瑞兰等选译，生活 · 读书 · 新知三联书店，1987 年 7 月版，第 26 页。

的真谛，真正的悲剧不仅要揭示和批判社会的缺陷与邪恶，还应该推动人类的道德建设。也就是米勒后来说的另一句话 ："在我看来，悲剧和悲怆剧的主要的精确的区别就是在于悲剧不仅给我们带来悲哀、同情、共鸣甚至畏惧 ；而且还超越悲怆剧，给我们带来知识或启迪。"

美国犹太人科恩兄弟的每部电影，都有着不同寻常的幽默，而且也是典型的"犹太式幽默——嘲讽／自嘲、黑色幽默、怪诞、讽刺"。它不仅是淡淡的着色，而且令人在悠悠回味中体味幽默。《巴顿·芬克》中设计出的对命运的讽刺，是科恩兄弟最具代表性的幽默手段。最具说服力的一个场面是巴顿遇到他此后的老板——电影公司总裁利普尼克的时候 ：利普尼克张开双臂拥抱这位作家，显得很高兴认识他的样子，但也没有与巴顿交谈，而是自顾自发表着不合逻辑的长篇独白，乱七八糟地谈到工作质量、艺术、尊严、他将写的电影剧本、公司的方针……他说话语速极快，以至于巴顿来不及回答他的问题，也听不明白他在说什么。利普尼克东拉西扯，而且使用俗语，从家常话到下流话都有，时而还无视自己的交谈者，……巴顿就这样被一个没文化没教养且唯利是图的人操纵着。幽默滋生于这位作家信仰逐步动摇的过程之中，巴顿感到自己昨日的信仰在商业压力下受到猛烈的冲击。他吃一堑方能长一智，意识到"电影仍是一种工业”[①]。而在另一部电影《谋杀绿脚趾》中，科恩兄弟则嘲讽了“反英雄”督爷，从而形成了幽默；电影《米勒的十字路口》中，更利用了自己犹太人的身份开始自嘲，嘲笑犹太人的怪癖和缺陷以及性格中的懦弱和势利。这种自嘲，在伍迪·艾伦的电影中也能找到，他们通过过度和反常这种迂回的效果，从而颠覆了反犹主义那种陈词滥调，以达到真正的讽刺效果。这种自嘲的深度，曾深深地融化在许多犹太思想家的灵魂中，无论是卡夫卡，还是卡尔·克劳斯；无论是巴别尔，还是曼德尔施塔姆；无论是肖洛姆·阿莱汉姆，还是格罗奇·马克思。他们既敢于勇敢地批判犹太人的自私、贪啬和势利眼，也敢于揭示犹太教的虚伪和陈规陋俗，从而听到真理的声音。正如于1903年10月4日自杀身亡的23岁的奥地利心理学天才奥托·魏宁格所言：“要战胜犹太教，犹太人必须首先理解自己，与自己作战。迄今为止，犹太人除了制造和欣赏针对他们自己特性的笑话之外，并没有做更多的事情……尽管如此，我们还是不该把英国人与犹太人混为一谈。英国人心中的超验因素更多一些；可以说，英国人的思维更多的是从超验的东西转向实际事物，而不是相反。否则的话，英国人就不会

① [法] 弗雷德里克·阿斯特吕克：《科恩兄弟的电影》，刘娟娟译，江苏教育出版社，2006年12月版，第62～63页。

具备那么容易接受幽默的气质。在这方面，英国人与犹太人不同，犹太人唯有在自嘲或嘲笑与性有关的事情时，才会表现出机智……幽默的本质是宽容；另一方面，讽刺的本质却是不宽容，因此它完全符合犹太人和女人的天性。犹太人和女人不具备幽默感，却都非常喜欢嘲笑别人。”①

中国人的幽默和犹太式幽默的最大不同在于，“中国人的幽默”常常表现出来的是讽刺，最缺乏的就是悲剧感和自嘲的勇气，尤其是现代所流行的冯小刚和赵本山式的所谓“幽默”，基本上体现的是市井式的滑稽和庸俗，而缺乏犹太式的沉思和智慧。另外，中国人由于几千年的思想钳制政策，也缺乏丰富的想象力，笑话基本上都停留在食、色、性或形而下的层面，常常是笑完就完了，缺乏犹太式幽默中的苦涩和力量，更缺乏林语堂先生所谓的“悲天悯人”的人文精神。

林语堂先生被誉为是发明了“幽默”这个词的“幽默”大师，他在《论幽默》一文中写道：

> 有一次，我参加在台北一个学校的毕业典礼，在我说话之前，有好多长长的讲演。轮到我说话时，

① [奥地利] 奥托·魏宁格：《性与性格》，肖肃译，中国社会科学出版社：2006年9月版，第350～351页。

已经十一点半了。我站起来说："绅士的讲演，应当是像女人的裙子，越短越好。"大家听了一发愣，随后哄堂大笑。报纸上登了出来，成了我说的第一流的笑话，其实是一时兴之所至脱口而出的。

另外我说的笑话已经传遍了世界的是："世界大同的理想生活，就是住在英国的乡村，屋子安装有美国的水电煤气等管子，有个中国厨子，有个日本太太，再有个法国的情妇。"这话我是在巴西一个集会上说的。

在《读者文摘》上我看到的一个笑话是："女人服装式样的变化，是不外乎她们的两个愿望之间：一个是口头说明的愿望——要穿衣裳；一个是口头上不肯说明的愿望——要在男人面前或自己面前脱衣裳。"①

林语堂先生的话，可能代表中国人幽默的最高水平了。至于当代的中国作家和学者，具有幽默感的简直是凤毛麟角，这也是时代思想贫乏的证据之一。

---

① 林语堂：《从异教徒到基督徒：林语堂自传》，谢绮霞等译，陕西师范大学出版社，2007年2月版，第258页。

第三章　人类一思索，上帝就发笑

——犹太幽默大师的智慧

赞美有钱的人，并不是赞美人，而是赞美钱。

——《塔木德》

如果我能给这个国家写教科书的话，那么就让其他人为国家拟订法律条文吧！

——诺贝尔奖得主、经济学家萨缪尔森

心脏是一座有两间卧室的房子，一间住着痛苦，另一间住着欢乐。人不能笑得太响，否则笑声会吵醒隔壁的痛苦。

——犹太文学大师卡夫卡

我曾经梦见自己为国捐躯，一个给我抬棺材的人却向我索要小费。

——犹太语言大师卡尔·克劳斯

一、表演大师格罗奇的幽默世界

英国喜剧大师卓别林虽然不是犹太人，但他的母亲可能有犹太血统[①]。而另一位喜剧大师格罗奇·马克斯却是一位地地道道的犹太人。

格罗奇·马克斯1890年10月2日出生于纽约，是美国喜剧界家喻户晓的“马克斯兄弟”组合五兄弟中的老二。《我说的就是她》是他们首部在百老汇大获成功的舞台剧，接着他们又成功推出了《椰子》和《疯狂的动物》。后两部戏分别于1929年和1930年被改编成电影。1931年推出的《恶作剧》是他们首部专为银幕创作的电影作品，好评如潮。随后他们主演的《趾高气扬》(1932)、《鸭汤》(1933)、《歌声俪影》(1935)和《赌马风波》(1937)都相继大获成功。1947年以后，格罗奇开始主持电台的智力游戏节目《你的人生你来赢》，收视率在众多节目中独占鳌头。1950年这个节目走入电视荧屏，一直火爆

① 《卓别林的一生》一书中这样写道，“哈娜·希尔在生她的儿子查尔斯时是个新教徒。但是她的父母可能是犹太人，人们都这样传说，而《大独裁者》结尾处他向一个犹太女人哈娜发出的呼吁似乎也证实了这一点。”

至 1961 年。格罗奇终生工作，为美国的普通大众带来无穷的欢乐，1977 年因病辞世，享年 87 岁。

一位著名德国导演说过："只有心中藏有一个马戏团,才有可能演好喜剧。"这句话在"马克斯兄弟"西柯、哈珀，尤其是格罗奇身上得到了充分的验证，他们每人心中都拥有一个精彩的马戏团。

格罗奇的父母是 19 世纪末从德国移民到美国的犹太人，贫困是上帝给"马克斯兄弟"的第一份厚礼，但开心、愉悦、搞笑的情绪却是他们家庭战胜贫困的法宝。正如格罗奇所说："我们错过了五月花号，只好乘着八月花号来了。我们家太穷了，要是有人敲门，我们都会吓得先躲起来。别人家的垃圾，都比我们家显得丰富。"格罗奇的父亲萨缪尔·马克斯最初是法国人，在 21 岁时当过裁缝学徒。虽然他的手艺不怎么高明，却雄心勃勃地决定自己开店，打出的招牌就是"萨缪尔·马克斯，专制精良男装"。后来格罗奇曾戏谑道："父亲的顾客走在大街上一眼就可认出，因为他们的裤腿一个长一个短，袖子也是长短不齐，或是衣领偏到了一边。"但是，萨缪尔会讲法语、德语和犹太语，再加上他短小精悍、敏捷利索的外形和新潮的着装品位，总是可以吸引许多陌生的客户。晚上有空的时候，萨缪尔会靠教跳舞来多挣些钱，学生多是年轻漂亮的犹太姑娘，其中有一个 19

岁的金发美女米妮后来成了格罗奇及其兄弟的母亲。

格罗奇的外祖父是一名魔术师，带着妻子和一大群孩子坐着大篷车，到处巡回演出，离开欧洲到美国来寻求新生活。但就凭他掌握的那一点魔术，真不如做一名缝纫机推销员的好。但不管怎么说，他还真养活了一家人。当时，纽约有许多无情压榨工人血汗的工厂，格罗奇的母亲米妮在一家皮毛厂找了一份工作。米妮聪明、漂亮，心怀大志，感觉到教她舞蹈的那位帅气的小伙子肯定会有不错的前程。但后来她才发现萨缪尔对于开创事业并不热心，而是更热衷于玩纸牌、追女人和寻开心。但一切为时已晚，她已经深深爱上了这个人。

他们结婚后，继承了犹太人极强的生育能力，一共生了6个儿子（其中一人夭折），因此他们一家的钱总是不够用。尽管一直不富裕，但马克斯一家却很少与泪水和悲伤相伴。米妮和萨缪尔从不会沉溺于忧伤或沮丧之中，家里虽然非常简陋，却向各种各样的穷亲戚敞开大门。萨缪尔的烹饪手艺远远胜过他的裁缝手艺，他只有两个恶习：一个是贪玩纸牌，一个就是对所有的熟人都以诚相待。但米妮却不乏才干，家里只要有人来拜访，她就会积极给他们出谋划策，建议他们到哪里找工作，告诉他们如何摆脱婚姻的烦恼，还经常借钱给那些急用钱的人。她聪明机智，性情活泼开朗，巧言善辩，富于想象力，在处理各种人际关系时游刃有余。她不仅是一名出色的组织者，更善于与人辩论，她不仅从小就塑造和影响了“马克斯兄弟”，而且还是“马克斯兄弟”组合真正的缔造者，正如格罗奇后来所言：

> 我妈妈是个了不起的女人。
>
> 她就像采集花朵一样把我们一个个护在翼下，耐心呵护。
>
> 你能想象出她经历了多少痛苦与挣扎，才最终看到我们都跃然成为明星呢？
>
> 没有她，我们将一事无成。

格罗奇的哥哥西柯一直是米妮最宠爱的儿子。西柯不仅继承了母亲的聪明和能言善辩，而且还像父亲一样容易吸引姑娘。但是西柯不喜欢上学，更喜欢轻松欢快、四处捣蛋的自由生活，13 岁的时候他的正规教育便宣告结束。但是，他大脑就像计算机一样，具有超凡的数学天赋，可以心算出非常复杂的算术题。他后来不仅成为一名非常出色的滑稽演员，更成为一名赢多输少的赌徒。

格罗奇的弟弟哈珀也非常厌学，几乎没受什么正规教育，甚至连小学三年级也没读完。他认为：“学校做得一点都不好。它不教大家如何求生存，这可是穷人们必须每天都要面对的问题。学校向你讲什么虚幻、遥远的人生，而不是实实在在的世界、你必须日日夜夜面对的世界、你早上醒来不知要如何对待的世界。”

与他的两个弟兄相比，格罗奇的求学时光相对要成功一些，他虽非饱读诗书，但对历史和科学却非常痴迷。他回忆说：“学校有种无以言表的单调与乏味。唯一吸引我的就是那一个身材高挑、有一双美丽蓝眼睛的爱尔兰女老师……所学的东西很多都一无用处，最可恶的是几何与代数，简直就是故意让无知的小男孩们没有好日子过。”他后来在自传中写道：

> 我一直渴望读书。
>
> 过去我常坐在自己的化妆室里读书，还让门大敞着，这样其他演员会以为我是一个受过教育的人。其实我很想得到更多的教育。
>
> 但现在我的书已经被国会图书馆收藏了。

格罗奇经过反复向父母叫苦，最终也获准于 14 岁时离开了学校。他的第一个工作是在一家房地产公司做勤杂工，干了不多久，他就厌倦了这份他好不容易才找到的工作，他后来说：“实在没什么事情干，我就早上吃葡萄，把葡萄籽儿吐在地板上，下午我再把葡萄籽一一捡起来……办公室里很安静，就像是和地板一起生活在古墓里一样。”他的老板似乎总是晚来早走，格罗奇也开始迟到早退，但一定是早上比老板早一点，下午比老板晚一点。似乎一切都顺顺利利，有章可循，直到有一天他在当地公园内溜达时，他捡起了一顶被风吹落的帽子，并热心地把帽子还给了主人，但发现帽子的主人正是自己的老板。格罗奇自然被炒了鱿鱼，他的求职生涯可谓出师不利。

格罗奇走入演艺界，完全是受了舅舅的影响。他的舅舅每次到他家做客时，总是穿着入时，一身昂贵的服饰——丝绸的礼帽、镀金文明棍、亮闪闪的饰品，出手大方地给马克斯兄弟每人 1 美元，还会向其他围观的孩子抛撒硬币。可以这样说，母亲为孩子们提供了正确的方向，而舅舅则为他们树立了成功的榜样。格罗奇说：

> 让人笑可比让人哭难多了。
>
> 你尝试不同的方法，要是有的不管用，就要赶快舍弃，启用新的方法，直到找到可以让观众开怀大笑的那个方法。
>
> 还有，只要你表演时不停地说呀说，总会说出一些好玩的话来。

1907 年 11 月，格罗奇的母亲米妮正式担任了儿子一个三人小组合的经理人。同时，米妮为这个组合起了一个新名字“三只小夜莺”。格罗奇后来这样说：“她之所以起这个名字出于三个可以推断的原因：一是她从未听过夜莺的歌声；二是她完全是乐盲；三是她有极强的幽默感。”阴差阳错，在不久的演出中，“三只小夜莺”变成了“夜莺四人组”，最后演变成了著名的“马克斯兄弟”组合了。有趣的是，对音乐一窍不通的米妮不仅成功地策划和包装了“马克斯兄弟”，还成功地把丈夫也拉来入伙，其实这时萨缪尔这个专制“精良男装”的蹩脚法国裁缝已几乎没有什么客户了。他的职责是购买一行人演出走动时的车票，预订住宿地点，并在遇到观众反应不强烈时，坐在剧场最显眼的位置大声鼓掌与喝彩。

他们终于成功了，用格罗奇的话说：“我记得自己在演艺圈摸爬滚打了 10 年后，才住上了带洗手间的房间。”其实，米妮经营有方，很快就以按揭的方式在芝加哥的犹太区购买了一栋三层楼的褐色砖房，甚至还雇用了一个女仆来照料家务。但后来表明，这个女仆不得不花费很多时间来抵御格罗奇 87 岁的外祖父色迷迷的攻击。

犹太人有好色的传统，正如格罗奇所言：

我总是尽量表现得规规矩矩，不会像哥哥西柯那样过分。

他每到一个城镇，总有某个姑娘的父亲拿着枪把他追得四处乱跑。

即便如此，格罗奇还是经历了三次婚姻和若干个女人，而且留下了许多精美的格言：

你愿意娶我吗？

你有钱吗？

先回答第二个问题。

格罗奇经常说金钱比爱情更重要，因为爱情的感觉飘忽不定，瞬间即逝。所以，他真诚地说道：

希望我们的妻子和女朋友永远不要碰面！

每个成功的男人背后都有一个女人，女人后面才是他的妻子。

结婚就是离婚的主要原因。

婚姻是一个很好的机构，但谁想一直生活在一个机构里呢？

格罗奇最讨厌的事情就是跳舞，他认为："跳舞的唯一好处就是——追求女人时可以借此整个晚上搂住她的腰。可一旦她盯上你，所有的束缚和衣服都抛到一边了，那时搂着她的腰还有什么意思呢？"

一次，妻子发现格罗奇亲吻女佣，格罗奇辩解："我是在和她说悄悄话。"难道悄悄话可以随便说吗？但格罗奇深谙婚姻之道，他说："丈夫要想拥有幸福的婚姻，必须学会把嘴闭上，把支票本打开。"但支票最终挽救不了错误的婚姻，也改变不了人的本性。在他的第一次婚姻持续了 25 年后，他恍然大悟：

我认为妻子在家族中地位很重要，她们和母亲一样都是最可贵的。

她们会不断告诉你邻居的女人买了什么新车，什么毛皮披肩，或出去跳舞了，等等。

妻子们总是感觉跳舞跳得不够过瘾。

……

和妻子做爱就像朝坐在那里不动的鸭子射击。

……

男人刚结婚时总是先上床，他想给自己的新娘暖被窝。

而五年后，他还是先上床，但理由可完全不同了，是为了不去上闹表和关灯。

……

我很高兴看到人们结婚。

我觉得每个人都应该结婚，即使离婚的人也应如此。

……

我结婚三次，离婚三次，但没有从她们身上捞到一分钱。

无论离多少次婚，他对人生还是没有绝望：

看，我赚到了支票，我还活着呢。

我和白天一样年轻、有活力，只是这个白天太短了。

年复一年不停地过生日，最后还是走向死亡。

然而，他并没有惧怕死亡。临终前，他说了这样两句话：

我死之前特别想做一件事，就是退休！

我希望死后被火化，骨灰的十分之一给我的代理人，这是合同上说好的。

格罗奇虽然不存在了，他却给世界留下了无穷的笑声。

二、大导演伍迪·艾伦的知识分子风格

《门萨的娼妓》不仅是一篇文章的名字，而且是一本书的名字。这篇文章中写到一个名叫凯泽的“有妇之夫”，他和老婆没有多少共同语言，他如饥似渴地渴望跟异性来点智力上的交流，并不惜花钱。他希望有人陪他聊聊普鲁斯特、叶芝、庞德或艾略特，有许多女大学生愿意提供这种服务。花 50 美元，一个金发女孩可以和你进行“不深入的陈述”；花 100 美元，一个女孩可以把她的巴洛克唱片借给你听，一起进餐，然后让你看她来一次焦虑发作；花 150 美元，你可以跟一对孪生姐妹一块听调频立体声广播；花 300 美元，你可以得到全套服务：一个浅黑色皮肤的女孩子会在现代艺术博物馆里装着搭上你，让你看她的硕士论文，让你和她在伊琳餐馆就弗洛伊德关于女人的概念尖声争吵，然后她会按照你选择的方式假装自杀。多好的骗局，多棒的城市，纽约。但是，凯泽后来发现：

她几乎还不到 19 岁，对那种伪知识分子的把

戏倒是玩得精熟。她滔滔不绝地发表看法，但全是死记硬背。每当我提出自己的见解时，她总会装扮着回应："哦，对，凯泽。对，宝贝，深刻。对于基督教的柏拉图式的理解——我以前怎么没看出来？"①

写这部书的人就是大导演伍迪·艾伦。作为当今世界独树一帜的美国喜剧电影大师，伍迪·艾伦的幽默天赋是与生俱来的。他 15 岁就开始为报纸写专栏，有一段时间还自编自演"单口相声"，此后数十年至今，他挥霍着自己的幽默气质，编笑话和搞笑故事，写散文、小说和剧本，拍电影更是让他功成名就。

伍迪·艾伦式的幽默带有明显的纽约知识分子风格，他以荒诞不经、插科打诨的方式与这个世界开玩笑：颠覆传统价值，戏仿经典文本，各种时髦的学院派理论与方法更是被挖苦得入木三分、尖刻不留余地。他似乎总与知识分子作对，然而那些神经质的、自私自恋又敏感多疑的可笑形象背后，分明有着自我的身影——伍迪分身有术，他从不忘记拔光羽毛，幽自己一默。这是他的睿智所在，自以为是的法国人也因此称他为美国电影界

① ［美］伍迪·艾伦：《门萨的娼妓：伍迪·艾伦幽默文集》，孙仲旭译，生活·读书·新知三联书店 2004 年 12 月版，第 151 页。

唯一的知识分子。

伍迪·艾伦，原名艾伦·斯图尔特·康尼斯伯格，当代集编、导、演于一身的犹太裔美国著名电影艺术家、作家和单簧管演奏家，也是继大导演爱森斯坦和斯皮尔伯格之后又一位杰出的犹太电影大师，被誉为“卓别林之后最杰出的喜剧天才”。他的电影多以曼哈顿为背景，以死亡、性和道德为主题，机智幽默又细腻感伤。神经质的内省而自我的人物（多由伍迪·艾伦自己扮演）、想象力丰富而奇特的构思、絮叨又幽默的对白、反讽与批判的视角，几乎是他每部电影的共同元素。创作颇丰，被称为电影史上最多产的作家兼导演，时至 2003 年 2 月，他在 34 年的时间里创作并导演了 32 部电影。

他的代表作有《安妮·霍尔》(1977)、《曼哈顿》(1979)、《汉娜和她的姐妹们》(1986)、《子弹穿越百老汇》(1994) 等。

伍迪·艾伦的幽默，表现在情节设计、人物性格刻画和对白等各个方面，评论家们称之为“一种特殊的犹太人式的风趣”，指的是他那些连珠妙语，不但谑趣横生，而且总是深含着人生的智慧。这固然来源于一种与生俱来的机敏，更多的则是得益于在此基础上他对人生的独特感悟。

伍迪·艾伦，1935 年生于纽约布鲁克林区一个犹太平民家庭。欧洲的连天炮火幸运地燃烧在他的童年世界之外。但是，他无法逃离贫困。他的父亲身份低微，没有固定的职业，今天做酒吧侍者，明天做歌手，开过出租车，当过宝石研磨工。由于工作不稳定，全家人不得不经常搬迁。这一切不能不对童年的艾伦产生影响，直到成年后他也念念不忘。《安妮·霍尔》中那座高架铁路下面的小屋，就是康尼斯伯格家曾经栖身的旧居的再现。每当列车驶过，整个木屋便震得隆隆乱颤，桌边的小男孩只好紧紧地抓住手中的饭碗。但是，一家人的亲热和温暖，从另一方面弥补了贫穷带来的不安全感，也促成了小艾伦的活泼天性。这个满头红发的淘气男孩就像一团跳跃的小火苗。他从小就喜欢运动、爱开玩笑，尤其善于模仿。他的拿手好戏是扮成木偶演员、杂耍演员和魔术师，把妹妹们逗得哈哈大笑。

上学的年龄到了。父母头痛地发现儿子对学校本能地深恶痛绝。父亲满心期望他能好好读书，光耀门楣，以后跻身律师、医生乃至“合众国总统”这类显赫职业。哪知艾伦没能按父亲的意愿发展自己。他所向往的是做拳击手、马戏明星、特务或重罪犯。漫长、枯燥的学校生活对他说来俨然如一场噩梦，他只想逃避它。他讨厌上课，作业总是完不成，考试当然也总是不及格。若说学校也有好处，那大概是为他提供了一群棒球伙伴。艾伦整日里棒不离手。球艺迅速地进展了，功课却一塌糊涂。久而久之，人们想出一个外号——“伍迪”送他。“伍迪”，即木头的意思——木头球棒、木头脑袋，一语双关。这个绰号他一直带着，后来便成了艾伦的艺名。伍迪·艾伦一天天长大了，在学习以外的诸方面渐渐小有名气。除打得一手好棒球外，艾伦对音乐、拳击、马戏、滑稽表演等也很在行。他的单簧管和萨克斯都吹得极好，堪与爵士乐大师西德尼·贝切特媲美。他身形瘦削，却长着一身运动员的肌肉和铁拳。

18 岁那年，他灵机一动，瞄准了当时报纸上稿酬优厚的笑话专栏，以伍迪·艾伦的笔名投了不少稿件，也着实赚了些钱。报纸的主编开始注意到他。他的创作从此便一发而不可收。他写的讽刺短剧一篇篇在电视台播出，大受欢迎。后来，他索性放弃了纽约大学的学业，正式做起电视编剧和记者来。20 世纪 60 年代，他投身电影事业，先做演员，最后又尝试自编自导喜剧片，并最终成功。

曾一举囊括 1978 年 4 项奥斯卡金像奖的《安妮·霍尔》标志着伍迪·艾伦电影艺术生涯的一个里程碑。故事写的是纽约两位喜剧演员的爱情生活，带着浓厚的自传性质。主人公艾尔维·辛格由伍迪·艾伦本人扮演，其身世、个性也与艾伦十分相近，这对情侣的感情真挚却又有点神经兮兮。他们除了拜访各自的心理医生之外做什么事都在一起，然而两人内心的距离却在不知不觉之中拉大，直到遗憾地分手。影片中伍迪·艾伦的俏皮话俯拾即是，好些场景也极尽滑稽之能事。尽管如此，却掩不住一股淡淡的忧郁。也许这是自传作品共有的特色吧——每个人在检视自己的心路历程的时候似乎都难免伤怀。总之,《安妮·霍尔》不能说是一个逗乐的故事。伍迪·艾伦是想通过它来探讨一点什么、来洞察人生。

《汉娜姐妹》表现的是曼哈顿区一个演员家庭中三姊妹及周围的人在 3 年内各自不同的生活变迁。影片由几个冠有小标题的段落接缀而成。像是几帧家庭生活照片，又共同合成为一组群像。影片涉及的生活面很广泛，用一个影评家的话说，它“试图在繁乱的生活中展示生活的意义”。譬如，剧中主人公艾略特在感情上的迷惘——到了中年他突觉感情压抑，并爱上了年轻的妻妹；再如得了疑病症的米基出于对死的恐怖而开始了对于生命意义的追寻。对于汉娜和她的两个妹妹这三姊妹来说，问题是如何找到自己在生活中的正确位置，怎样把握自己去追求幸福的爱情、婚姻和事业。她们各有着不同的焦虑和危机，但到片尾，一切似乎都得到了满意的结局。有人说，《汉娜姐妹》是大团圆结尾。伍迪·艾伦不这么想。他认为这部影片“根本不是一部快活的、乐观主义的电影”,至多是启迪了一种“朦胧的希望”,“它并没有指出我们目前生活的意义，也没有指出人心从此将变得可测，也没有说我们从此能相互了解或能控制我们的感情”。

在影片中，伍迪·艾伦扮演汉娜的前夫米基，一个患有疑病症的电视导演。一次，他被怀疑得了脑瘤，虽然不久便证实是一场虚惊，但死亡的纯属偶然令他对生存的意义产生怀疑。于是，他开始了一场可笑的徒劳的追寻。哲学是空洞的，苏格拉底或尼采都不能给他任何有用的答案；宗教——无论犹太教、天主教、佛教还是牧牛神教也不能提供任何出路，就像艾略特的心理医生根本帮不上他的忙一样。米基最终寻到的治疗心理失衡的妙方——信不信由你——竟然是“马克斯兄弟”的喜剧电影！在《鸭汤》的一片欢闹声中，他总结道：“即使没有上帝，你也只能活一次就完，又怎么样？难道你就不愿成为人类经验的一部分吗？……我真不该把自己的生命浪费在寻求永远也找不到的答案上，而应该享受生命的时间。然后……谁知道呢？我是说，也许以后还有些什么，谁知道呢？我明白，单凭‘也许’这一线希望来生活，未免太渺茫，但也只能如此了。想到这儿，我就靠在椅子上真正欣赏起影片来。”原来是喜剧电影那单纯的娱乐和梦幻帮助米基摆脱了痛苦！他不再作那种无出路的内心纠缠，也不再想一死了之。他在烦恼的世界中找到了爱情，甚至证明了自己并非像医生所说的失去了生育能力。剧中最后的一个镜头是米基惊喜地获悉霍莉有了身孕，夫妇俩幸福地拥抱在一起。然而，有心人或许会注意到，演员当时是站在一面穿衣镜前，整个甜蜜的场面统统是由摄影机在镜中捕捉到的，镜中的映像多少给人一种不确定感，一个关于“空幻”的含蓄暗示。

在伍迪·艾伦的另一部影片《罪行与错误》中，内心苦闷的主题更为浓重。主人公——眼科医生朱达·罗森塔尔因陷入三角关系而感到内心备受谴责。他的一个病人——犹太教士本恩听了他的忏悔后，劝他向妻子坦白以求得良心的安宁，而他的哥哥却主张用暴力来解决问题。罗森塔尔最终选择了暴力而拒绝了本恩的道德引导，同时，他的医术对教士的视力丧失也束手无策。关于眼睛的隐喻暗示着影片的主题。罗森塔尔的父亲笃信上帝，认为“上帝的目光永远在冥冥之中注视着我们”，因此，世界是有序的，真理是永存的。但事实上怎样呢？虔诚的教士本恩双目失明，罗森塔尔背叛了良知的召唤而屈从邪恶，成了某种意义上的“犹太”，传统的信念颓然坍塌。伍迪·艾伦颇具哲人意味地提出了一个沉重的问题：为什么这个世界上正直和善良总是处处受阻，而暴力和邪恶却总是占据上风呢？人们该怎样面对这个黑漆漆、乱糟糟的世界？伍迪·艾伦在片尾做了象征性的回答：失明后的教士本恩出现在女儿的婚礼上，与新娘欢乐地翩然起舞。

《时代》杂志资深影评人理查德·席克尔曾采访过伍迪·艾伦，艾伦说："我不是极度谦卑的人。我觉得在我起步的时候，我有着宏伟的计划……让我倍感痛悔的是，我从不缺少机会。横在我和伟大之间唯一的东西就是我自己。"[①]伍迪认为，懒惰是导致他自己所认为的失败的重要因素。纵观犹太人中的成功者，大多是工作狂，而且非常高产，无论是科幻作家阿西莫夫，还是科普作家卡尔·萨根，不仅著作超过几百部，而且都是跨学科的通才。如果这些人都认为是懒惰导致了自己没有取得更大的成就的话，那失败者大多是因为过于懒惰。

伍迪·艾伦的成功不仅是因为他是优秀的导演、编剧和演员，他还是一流的作者和幽默高手，他的文章经常被发表在《纽约客》、《新共和》等著名刊物上，充分地体现了作为一个犹太人的综合素质。在《二十年代回忆录》一文中，他和海明威经常在一起玩拳击，同毕加索一起喝咖啡，同达利一起吃饭，同菲茨杰拉德一起喝香槟，所有那个年代的天才艺术家都在这篇文章中给人

① [美] 理查德·席克尔：《伍迪·艾伦：电影人生》，伍芳林译，广西师范大学出版社，2006 年 6 月版，第 20 页。

留下了难忘的印象。而在《羊皮卷》一文中，他则调侃了上帝：

某次，上帝对其忠心仆人大肆摧残时离得太近，约伯一把掐住他的脖子说："啊哈！可逮住你了！你何以跟我约伯过不去，嗯？嗯？说！"

上帝说："这，你看——你正掐着我脖子……放开我好吗？"

约伯毫不心软，他说："你来之前，我一直过得挺好。我有多得很的没药树、橄榄树，有件花花绿绿的上衣，还有两条花花绿绿的裤子。现在你看看。"

上帝开口了，声如雷鸣："如我创造天地者，定要向汝解释我如何行事？汝创造何物，胆敢质疑于我？"

"回答得一点也不好，"约伯说，"我要告诉你，对一个按说无所不能的人，做事不要别出心裁。"接着约伯跪下向上帝哭诉道："您是天国、力量和荣耀。您有份好工作，别搞砸了。"[①]

作为一个犹太人，最大的特点就是反对偶像崇拜，正如爱因斯坦所言："我竭力告诫自己要蔑视权威，命运却使我成了权威。"所以，艾伦在这篇文章中，借上

① 《门萨的娼妓》，孙仲旭译，生活·读书·新知三联书店2004年12月版，第136页。

帝之口，说出这样一句话："这证明了有些人会服从任何命令，不管那命令何等愚蠢，只要它来自一个深沉而且洪亮的声音。"

艾伦的幽默是纯天然的，是犹太人与生俱来的特质，没有任何矫揉造作。却说一个卖衬衫的生意做得很艰难，他的货物根本卖不出去，于是，开始向上帝祈祷，上帝怜悯地告诉他："往口袋上缝条鳄鱼吧，只要照我说的去做，你不会后悔。"于是，那人就往他所有的衬衫上缝了条小鳄鱼标志，结果衬衫销售一空。这难道是上帝给他支招，让他仿制"鳄鱼"牌衬衫，还是上帝亲自设计了"鳄鱼"牌衬衫呢？读者在幽默中沉思。

在《赫姆霍尔兹谈话录》一文中，艾伦这样写道：

> 关于人类状况："如果人是不朽的，你想没想到他吃肉总共得花多少钱？"：伍迪·艾伦幽默文集。
>
> 关于宗教："我不相信有来生，但我随身带一套换洗内衣。"
>
> 关于文学："全部文学都是对《浮士德》的一个脚注。我根本不知道我这样说是什么意思。"

我相信，伍迪·艾伦是一个很有趣的人。

三、犹太智者基翁的讽刺“利剑”

埃夫雷姆·基翁是当代以色列杰出的幽默文学作家、剧作家兼导演。他于1924年8月23日出生于匈牙利首都布达佩斯一个犹太人家庭，从小喜欢绘画和雕塑，后进入布达佩斯大学学习艺术史并开始给杂志撰稿。二战期间，他曾被纳粹关进集中营，是为数不多的幸存者之一。1949年移居以色列，1952年起为《马利夫》报撰写讽刺故事，并从此一发不可收。1964年，他编剧并导演的电影《萨拉》获奥斯卡大奖提名。1971年，他执导的电影《警察阿祖莱》获最佳外语金球奖，次年获奥斯卡大奖提名。在图书方面，迄今为止，他共写了50多部小说和剧本，仅在德国就累计卖出4200万册，全球销量超过7100万册，已有37种语言的版本问世。

基翁的文学诙谐幽默颇具讽刺色彩，被称为“犹太智者”。他目光犀利，观察细致，将人生百态统统摄入他的作品。他的笔下既有对人性弱点的善意嘲笑，又有对社会弊端的尖锐揭露。他同情地描绘普通以色列人日常生活中的种种无奈与尴尬，也无情地抨击演艺界、体育界以及政府部门的各种问题和弊端，他的讽刺利剑入木四分。评论界普遍认为，基翁的作品有美国作家马克·吐温和俄国犹太讽刺大师肖洛姆·阿莱汉姆的遗韵。

基翁在自己的幽默小品集《现在可以说了》的前言中，通过对一位火车旅客的观察，尖锐地批判了黑暗的社会现实：

> 这是个普通的二流子。他关心的只是钱。钱！钱！钱！太恶心了！我一点也不信任这个人，他和他那双长着毛的手。瞧，他现在打哈欠了！就是因为这号人，我们国家才出现失控的通货膨胀！而当官的连手指也不动一下。这么个国家，我不禁要说。
>
> ……
>
> 在你那墙壁旁的黑暗角落里，在许多流着无辜的鲜血的半片牛身中间，就是你所归属的地方，你这可怜的人！你别碰我的著作我恳求你，别用你的眼睛去玷污它了……[①]

讽刺太尖锐、太深刻了，让人不禁打了一个寒战。他赞扬的是那些有怜悯之心、有正义感、有人文情怀的

① [以色列] 埃夫雷姆·基翁：《现在可以说了：犹太智者基翁幽默文选》，吴远恒、夏平译，上海文汇出版社，2004年7月版，第2页。

教授和知识分子，透过他们的一举一动能够感受到高度和威严。聪慧的眼睛，充满了热情和理解，洁白无瑕的牙齿，闪烁着人道主义的光芒，这样的人会使自己的“国家有福了”，宛如自己的父亲。相反，那些腆着大肚子，沾满尼古丁的手指，满脑子有关核能思想的“屠夫”，也许是最高法院的大法官，也许是海军上将什么的，或者心里只关心钱的官僚们，就是因为这号人，我们的国家才出现了失控的通货膨胀……这样的人，真是一头畜生。这位犹太智者恳求他们，“别碰我的著作，别用你的眼睛去玷污它了”。令人拍案叫绝，从来也没有人这样写过。

《现在可以说了》不仅是基翁著作中文版的书名，也是他的一篇颇具特色的文章的名字。文章中的“我”到德国去旅行，住在一家酒店，服务员告诉他的房间号码是“157”。他打开房间里的衣橱，解开了自己的行李，想洗洗手，便打电话给服务员，服务员送来香皂的时候，拿出笔记本，抄走了“157”这个有趣的号码。紧接着，他下楼吃饭，向一位搬运工询问时间，搬运工不仅告诉了他时间，也用分类账本记下了他的房间号“157”。所有这些有关“157”的记录使他稍感不安，便向酒店的经理打听:“阁下，为什么我总得提及我的房间号码呢？”经理冷冰冰地答道 :“所有这些服务的费用都不包括在住宿费内，将来结账时这些费用都要添加在旅客的账单上。”等回答完这个问题后，经理也对他说：“先生，你的房间号码是多少？”

从此，“157”成了“我”在这家酒店开口说话的第一句话。四天后，情况竟然发展到“我”竟然会采用囚犯的方式作自我介绍：“157。很高兴见到你。”

“确实非常高兴”，普林斯·魏格纳，旅馆秘书答道，并在笔记本上写下了“与‘157’相识”。

实在令人料想不到，“我”的全部看法会改变。“我”坐在旅馆紫色的阳台上，尽情呼吸着充满臭氧的夜晚空气。这时，一位海外旅游者手拿笔记本走到“我”跟前。

“157”，“我”彬彬有礼地说，“呼吸点新鲜空气？”

“57”，这位海外旅游者写了下来，“谢谢你，先生”。

“我”正想纠正他，可是一种神奇的内力阻止了“我”。一些怪诞的念头在我脑中萦绕，这些念头都与“我”现在的情况有着内在的联系。“我”坐在餐厅里，要了许多额外的烤羊肝。

“房间号码？”侍者，一位退休的近卫团上校，问道。

“75”，“我”回答说。

“75”，上校（退休的）写了下来，“谢谢，先生”。

就是这么开始的。在以后的几天里，“我”实现了好几种野心，至此，要想进行一番认真考虑简直是异想天开。“我”要了两次豪华游艇(75)、三次肚皮舞舞女(75)和一次侏儒表演（75)。“我”无论做什么事情也不为过分，因为我坚信，至少在度假期间，一个人不应该吝啬；如果你满脑子只考虑开销，那么最好待在家里，为自己买一个橘园好了。

在度过了美妙的两周之后，“我”离开旅馆。普林斯·魏格纳把一份由经理阁下签字的账单递给“我”,“我”付了 390 以色列镑,包括像肥皂(5 以色列镑)、咨询(3.10 以色列镑)、夜晚阳台呼吸（4.90 以色列镑）以及其他一些琐事的费用。“我”同旅馆的服务员紧紧握手道别，给了“准将”搬运工 100 以色列镑，而给侍应生呢，只有 50 以色列镑。

正当“我”大步走向装有我行李的出租车时，一个又矮又秃的绅士在接待柜台前大发雷霆，他把账单撕得粉碎，喋喋不休地说着一些不连贯的废话，拒绝付清 2600 以色列镑的账单，因为他从未要过 29 份烤羊肝。

难道在这个国家除了用大喊大叫以外就真的不能用别的办法来解决问题吗?

这句话非常有力量，用一种提问的方式为“我”这次独特的旅行画上了句号，像一柄利剑刺向了讽刺的对象，让人余味无穷。

四、文学大师卡夫卡的“受难哲学”

世界上公认的三位现代派文学大师中，除了乔伊斯以外，普鲁斯特和卡夫卡都是犹太人。

卡夫卡，1883年生于布拉格，1917年9月确诊为肺结核患者。患病之初的症状是夜间肺里出血。当时他任保险公司的雇员，正在为婚事做准备。出血，对他来说事出意外。他在致友人的信中描述了当时对医药界正急于寻找对肺病引起的咯血的止血法一无所知的卡夫卡在窗子到床铺这一空间来回踱步的情景。几周以来，他几乎成了彻夜不眠的人。这使他不得不放弃了娶妻生子和成家立业的普通公民的愿望，尽管他很希望有人为他生一个孩子。关于他对生命保障的渴求，还要追溯到他与父亲之间的冲突。父亲经商，生意兴隆，以家长制来约束妻儿；他有一副非常壮实的躯体——这令卡夫卡害怕和无地自容。父亲对他的患病丝毫不以为然，认为他放浪形骸，罪有应得。在每况愈下的病情中，他从未向父亲求助，尽管组建家庭的计划因肺出血而化为泡影。他的好友勃罗德1917年在日记中说：“从卡夫卡因患病而采取的措施来看，这病是精神性的，对婚姻来说似乎是一种拯救。他把婚事称为彻底的失败！但是，自那时以来他睡得很香甜。可解放了——苦难的灵魂！”由于卡夫卡的身上有某种神经衰弱和神经官能症的倾向，所以，他从一开始就对自己的痊愈不抱任何希望。早在大量咯血之前，在他同未婚妻发生令人心碎的争执以后，他就在信中写道：

> 为了在这里得到的拯救我要抱怨吗？拯救不会来自这个练习本；如果我仰面朝天躺在床上，拯救一定会来。因此，我安然、轻松、淡青素白地躺在那里。别的拯救是不会来的。[①]

他越来越深地认识到，在此岸已毫无获救的希望了。同他这想法平行发展的是——疾病，这一点可以从医生诊断书中看出来。[②]那么，卡夫卡此后对自身的态度如何？——我们找不出任何拒斥、敌意、苦行、与世隔绝的迹象。他热爱健美而训练有素的躯体。在身体方面稍

① ［德］弗兰茨·贝克勒等编著：《哲人小语：向死而生》，张念东等译，生活·读书·新知三联书店，1993年12月版，第73页。

② 据卡夫卡1917年9月22日一封信中说，他第一二次检查时身体很健康，后来发现轻度支气管炎和肺结核。

有欠安不适，都会使他深感不安：一块癣疥、一个鸡眼、一个疖子。只要他身体尚且健康，他就携同友人勃罗德远足旅行，他主张大自然疗法，认为劳动会创造健康。因此，不论在什么季节，他总是开窗睡觉，室内的空气清新而凉爽。他很少去疗养院。他不喝酒、不抽烟，是个素食主义者。他无比崇敬那些健壮有力、自食其力的人以及那些能把强健体魄遗传给孩子的人。

自患病以来，卡夫卡的生活一直面向死亡。在病情确诊以后，家里让他乘车去姐姐家。父亲商号里来了两个人，用手推车帮他搬运行李。他对友人说：他们是为棺材而来。他总是拿死亡同常见的一幅油画相比较："就像学校墙上挂着的那幅亚历山大之役：重要的是要使我们的行动在我们一息尚存的时候就使这幅图画变得暗淡无光，甚至全然消失。"那么，他对死亡的态度如何呢？作为一个饱经疾病熬煎的人，他把死亡视为安息和解脱。从这个意义上说，他一再对死亡寄以无限的"信赖"。《圣经》认为，人是有罪的，因而肉体终归死亡。卡夫卡关于死亡的生存之辩不是这个意思，他指的是一种精神"皈依"非可能性，即无法使一个如牛负重的精神得到善遇，无法使这样的精神得到满足。卡夫卡的死亡概念，带有他独特的伦理学英雄主义的特点。这种英雄主义使他臣服于对绝对纯洁和善良的一种不容商讨的要求。但是，同时他也意识到，他既不能逃避这种开端，也不可能完全满足该开端的要求。对善和恶的认识迫使他悟出，人无法在尘世行善。为了达到善，人就要自我毁灭。他认为，如果禁食知识之树的果实，那么死亡威胁的真义也就在于此——也许这就是自然死亡的原始含义。

通向宇宙深处的大门是有的，可是上了锁。守门人没有留出通道。内宫的统治者向个别人颁布了诏书，可是，马不停蹄的信使穿过外墙、穿过熙攘的人群、穿过宽敞的房间，却无法送达有关人士的手里。“人离开了对自身具有的不可摧毁之物的坚定信念，就不能继续生活；无论是不可摧毁之物，还是信念，都是他本人所看不到的。这种隐匿性，可用对一个人格上帝的信仰来表示”。因此，对崇高的伦理道德意识的责任感，自始至终是他不可逾越的准绳。卡夫卡于 1922 年曾这样写道：

> 而虚荣所要受享之物，也正是幼稚者时时切盼的东西：“我本来想死，想看看别人是怎么哭我的”。有这样一位作家，他一直想把上述想法变成现实；他在垂死（或者说不活）并为自己长哭不止。于是，可怕的死亡恐惧出现了，这种可怕不一定以死亡恐惧出现，而是也可以以对变革的恐惧出现……造成死亡恐惧的原因，可以分为两大群体：一，有对死

亡的可怕的恐惧感，因为他还没有生过。这话并不是说，为了生少不了女人、孩子、家畜；而是说，为了生，只须放弃个人享受。搬进住宅，而不是临渊羡鱼，不是装潢门面。而是可以大谈命运。但决不要别人去摆布。可为什么到头来又懊悔不及呢？为什么悔之晚矣呢？是为了自视更美、更有味道？也许有这种原因。但为什么在这不眠的漫漫长夜里总是得出另外的结论呢："我能活，还是不活？"另一个原因是考虑到：我成了假戏真做。我用写作并没有赎回自身。我的生命长久；我要死了，现在确实要死了。我的生命比别人的甜美，因而我的死也就更为可怕。当然，我心目中的这位作家也马上就会死去，因为他完全成了无本之木，无源之水，不足为训；他只不过是糟糕透顶的生命中的小小可能而已，只不过是享乐追逐的一种虚构。

卡夫卡本来未曾设想过如何降服黑暗势力，他用一种剖白式的口吻说道：每个人都有自己的魔鬼——咬人、趁夜色害人。这无所谓善恶，这就是生命：如果没有魔鬼附体，人就活不下去。魔鬼是人的固定搭配，据说人也可以利用魔鬼来搞定点什么名堂。对人生使命来说，没有什么比这更加恢宏的画面了。这就是卡夫卡对世界的态度。人们不可抗拒这种使命；应该带着各种欲望来达到自身的目的。因此，他的处世哲学完全脱离了虚伪的肉体禁欲苦行。从敞口的深渊中冒出的对一切可疑现象的认识是过分强大了，以致他无法忍受。

任何疾病（一切莫名其妙的现象除外）都是向人提出的问题。人所发现的答案，同时也就是他对人生真谛的回答。不过，这样一来，歧义也就被掩盖起来。因为，这样一来，在信仰（等于通过处世经验而去寻找真谛）即人的意志设定之外根本谈不上有什么正义与和解的一致；无论如何也谈不到信仰与健康、非信仰与疾病之间的一致。精神医学某些代表人物必不可免的危险也就在于此。对这个问题人们只能说，不许在卡夫卡致死疾病与其世界图景之间寻求什么因果关系。

但是，在卡夫卡对真理的绝对之爱与其无防护性即听任困难摆布的宿命性之间，也许是有关系的——不论是生存性的问题也好，还是关于日常生活中的细微小事的决定也好。因此，一个缺乏伦理责任的人可以漫不经心地打发掉的事情，都成了他难以克服的困难。例如，连日常生活中一句应急的谎话都说不来。所以，他对有能力这样做的人，对那些他称之为壮汉、地球公民、经营能手的人，敬畏有余。那位屡次提到与卡夫卡有共同经历（也是卡夫卡遇到困难的原因）的密伦娜，以这样的惨痛认识作为自己报道的结束语："弗兰克无力生活了。弗兰克永远也不会康复了。弗兰克要死了。千真万确！"报道中还说："事情就是这样：我们大家都可按个人印象生活，因为我们说不定什么时候就会以撒谎为避难所，以盲从、激越、乐观、信念、悲观或其他诸如此类的东西为避难所。可他是决不这样干的！不会的。他根本没有撒谎能力，就像他无力醉酒一样。他没有庇护所，他上无片瓦。因此，他会遭到一切有靠山的人的危害。他就像一个赤身露体之人，立于西装革履群中……他的禁欲苦行完全是非英雄式的，因此也就更伟大、更崇高。任何英雄主义都是谎言和怯懦。他不是将禁欲苦行当成达到某种目的的手段的人；他因自己的可怕的预见、无力妥协而又纯洁无瑕，被迫实行禁欲苦行。不少敏慧过顶的人，也是不肯妥协的强者。但是，他们佩戴的是奇迹眼镜，用这种眼镜看人，一切都是另一番景象。因此，他们无须妥协。他们能用打字机飞快地写作；他可以同时拥有几个女人。他站在这些人旁边，以惊异的神情看着他们，看着打字机和这些婆姨们。他永远也理解不了这样的事。他写下的书，令人叫绝；他本人则更令人叫绝。"后来她又写道："人们报道卡夫卡有反常举动，其实这正是他的长处。我则更进一步。我认为全世界和一切人都是病态的，只有他才是健全的、有正常理智的、有正常感觉的人，唯有他是纯洁的人。我知道，他不反对生命，而是反对生命的形式，因为他要自卫……世上没有第二位拥有如此巨大能量的人：他是绝对的、颠扑不破的、臻于完善的必然、达到纯洁和真理的必然。”

为了记录最微小的震动，就需有最灵敏的仪器；为了感知最高的要求，就需有敏锐的灵魂；为了眺望深渊，就要有敢闯深渊的人。壮汉、干练者、“体魄硕大无朋的资本家”是不能完成这样的事业的。这样的事业落在了卡夫卡的肩上，这成了他的命运。他并没有推诿，足以证明他的伟大。他是这个座右铭的实践者：

> 我抱怨吗？我不抱怨。我的样子像在抱怨。我敬仰谁，我心中有数。①

因此，卡夫卡对生命的态度既消极又积极，绝望中带着反抗、感性中带着理性，他诚恳地告诉我们：

> 真正的道路在一根绳索上，它不是绷紧在高处，而是贴近地面的。与其说它是供人行走，毋宁说是用来绊人的。

---

① ［奥地利］伊达·凯尔马克：《我不抱怨：一位创造性的人与疾病邂逅的自述》，维也纳阿马尔塔出版社，1972 年版。

这是卡夫卡在谈论人类的苦难、罪恶、希望和真正的道路时非常严肃的思考。他用非常平和的心态去看待苦难和挫折，他认为人类的道路在一根绳索上，这根绳索不是供人行走的，而是专门用来绊人的。即便如此，他还是认为人类的错误主要是没有耐心，如果有罪的话，主罪就是“急躁和懒散”。人类是没有退路的，而且有些问题无法回避，蛇和恶魔可以诱惑人，但始终无法变成人。人在与世界的斗争中，不仅要克服自己的错误，还要努力协助整个世界，即使面临深渊时，也“不可欺骗任何人，也不可欺骗世界”。最终人类的归宿，只有一个精神世界，人们谓之感性世界的东西，不过是精神世界的邪恶而已，而人们谓之恶者，不过是人类永恒发展中的一个瞬间的必然。因此，受难是这个世界的积极因素，是人类和上帝联系的唯一纽带。

五、语言大师卡尔·克劳斯的“黑色幽默”[①]

卡尔·克劳斯(Karl Kraus，1874～1936)，20世纪上半叶最杰出的德语作家和语言大师之一，但在德语国家之外几乎是鲜为人知的。尽管克劳斯受到他同时代的许多著名作家（包括本雅明和布莱希特）的推崇，但他的名声到目前为止仍大致逗留在德语国家之内，而且随着时间的流逝，他正在被人们遗忘。在中国，由于翻译界在信息上的闭塞和选题方面的偏颇，克劳斯的作品几乎没有任何译介。对于中国读者和知识界来说，他属于那类被某种不经意的历史疏忽遗漏了的作家。

作为一个生活在世纪初维也纳的讽刺家，克劳斯所取得的文学成就使他成为一个传奇式的人物。布莱希特在谈到克劳斯时说：“当时代死于自己之手时，他就是那只手。”换句话说，正是他那犀利、机智而充满悲悯

---

① 本文根据石涛先生的译文改编而成，石涛先生是根据1990年芝加哥大学出版社出版的英文版《卡尔·克劳斯格言选：半个真理和一个半真理》译出，英译者为美国布朗代斯大学教授亨利·左恩(Harry Zohn)。

的文章，埋葬了他自己的时代。

但他在世时，并未真正受到人们的理解。他曾在评价自己的作品时说："也许不得不等到我的作品变得古老而过时那一天，它们才会显现出意义。"克劳斯格言的英译者亨利·左恩教授，在谈到他的著作难以穿越德语国家的界线时指出两点原因。第一，他的绝大多数作品深深地植根于他生活的那个时代的维也纳和欧洲。对于今天的读者来说，如果没有大量的注释便难以欣赏；第二，也是主要的原因，用埃里克·海勒的话说，"克劳斯并非在用语言写作；通过他的手，德语中的美、深刻和那种累积的道德经验呈现为有个性的形式。在此意义上，克劳斯作为一个激昂的审判官，使他的写作成为与他所处的时代针锋相对的严厉的见证人。"①

卡尔·克劳斯 1874 年 4 月 28 日出生于一个离布拉格不远的波西米亚小城。他的父亲是一个富裕的犹太制造商。三年后他们全家迁到了维也纳，在那里克劳斯度过了他的一生。像他的同时代人弗洛伊德一样，克劳斯对维也纳充满爱恨交织的感情。在世纪之交时期的欧洲，克劳斯的情形相当具有典型色彩：生于中欧一个殷实的犹太人家庭，有一个靠自己双手致富的严厉父亲，但他

① 见埃里克·海勒"卡尔·克劳斯"一文，载《被剥夺了继承权的思想》，纽约法拉－斯特劳斯－卡达海出版社，1957 年，第 239 页。

却拒绝继承父业经商，不可理喻地选择了文学事业。与克劳斯情形相似的人至少还有卡夫卡、茨威格、本雅明和弗朗兹·魏菲尔[①]，都是犹太人。

克劳斯曾就读于维也纳大学，但并未获得学位，因为他半途辍学去学习戏剧表演。由于在表演方面缺少足够的天分，他又转向了新闻和文学。不过他在模仿方面的才能为他的写作提供了丰富的表现力。他自己曾说他也许是古往今来第一个以演员的方式去经营自己作品的作家。

从 1892 年起，克劳斯开始为各种报刊撰写戏剧评论、书评和其他形式的文章。由于从青年时代就培养起来的一种对世界的嘲讽态度，他拒绝成为维也纳文学圈子里一个“文化名流”。他推辞了维也纳最有声望的一份报纸《新自由报》提供的一个编辑职位，接着便着手创办了自己的杂志《火炬》。第一期《火炬》杂志出版于 1899 年 4 月 1 日，距他 25 岁生日不到 1 个月。

杂志的宗旨，按克劳斯自己的说法，是要“抽干德语里陈词滥调的沼泽”。他邀请了一批作家为《火炬》

---

① 弗朗兹·魏菲尔(Franz Werfel，1890 ~ 1945)，奥地利小说家、剧作家和诗人，生于布拉格。他的博爱哲学和神秘主义倾向大量地表现在他的抒情诗和表现主义戏剧中。纳粹统治奥地利后，魏菲尔先逃到法国，后抵达美国并死在那里。除了抒情诗外，他还发表并上演了许多戏剧，其中《伯那迪特之歌》曾被搬上银幕。

写稿，其中包括亨利希·曼[①]、斯特林堡、奥斯卡·考考斯卡[②]等人。尽管如此，这些撰稿人的文章从未超过杂志全部内容的三分之一，大部分版面仍由克劳斯一人承担。1911 年以后，一直到 1936 年克劳斯去世前为止，他成为《火炬》唯一的撰稿人。他曾写道："我不再有任何合作者。以前我妒忌过他们，因为他们赶跑的读者，恰恰是我想留给自己去收拾的人。"由此可看出，《火炬》杂志作为一份讽刺刊物的不妥协性，它从不设法取悦读者。值得一提的是，《火炬》杂志一直拥有一个相对稳定的读者群，为此克劳斯感动地写道："《火炬》杂志最不协调的伴随物，就是它的读者。"

克劳斯是在 19 世纪走向终结时开始写作的。那段时期，欧洲一个世纪的历史与文化的突飞猛进开始走向尾声。尽管当时的德皇威廉二世企图通过罢免俾斯麦挽

① 亨利希·曼 (Heinrich Mann，1871 ~ 1950)，德国小说家，作家托马斯·曼的哥哥。与其兄弟的冷峻风格相反，亨利希·曼的作品充满浪漫主义激情和剧烈的嘲讽。他的代表作包括《法王亨利》、《小城》和《蓝色天使》等。

② 奥期卡·考考斯卡 (Oskar Kokoschka，1886 ~ 1980)，奥地利表现主义画家和作家，被认为是 20 世纪表现主义运动的创始人之一。纳粹执政时期他的作品全部被禁，随后移居英国伦敦。考考斯卡以肖像、自画像和风景画著名，代表作包括《梅斯基大使》、《自画像》、《耶路撒冷》和《布拉格风景》等。

救奥匈帝国的颓势，但仍难以阻止统治德国近六百年的普鲁士王朝的解体。克劳斯写了一系列尖刻的讽刺文章，嘲讽威廉二世及其政府，把帝国形容为一个“为世界毁灭提供的一个试验田”。他在第一次世界大战前写的大部分文章的主题，集中于抨击和讽刺奥地利人生活中的丑陋，从监狱状况到政府官员的腐败无能，都逃不过他那支锋利的笔。

他的第一部著作《文学的毁灭》，写了一个维也纳文人经常聚集的咖啡馆是如何一步步被毁灭的，书中充满机智辛辣的揶揄嘲讽。1898 年他发表了《锡安山上的王冠》，毫不留情地抨击了政治上的犹太复国主义，尽管这样一来他对自己血统的态度被认为是颇有问题的。1911 年克劳斯秘密改信了天主教，但 11 年后由于抗议教会“不健康地参与了以招揽旅游者为目的的伪艺术的萨尔斯堡艺术节”，而离弃天主教会。

值得一提的是，在他的一生里有两个女人对他的生活和写作具有深刻影响。一个叫安妮·卡尔玛，是一个年轻的奥地利女演员，1901 年死于肺结核。她与克劳斯的关系在她死后招致了维也纳一些庸俗下流小报的攻击，这一事态使克劳斯对奥地利人在男女关系方面的双重标准感到极端愤怒与厌恶。为此他写了许多文章抨击这种道貌岸然的伪善，并于 1902 年发表了长文《道德与司法正义》，全面批判奥地利司法制度的无能与虚伪。另一个对他产生重要影响的女人是一个捷克贵族之女，叫巴萝尼丝。1913至1915年间，克劳斯曾不止一次地向她求婚，但都遭到拒绝。据说部分原因是因为她听从了诗人里尔克的忠告。不过克劳斯一直和她保持着亲密友好的关系，直到他去世为止。同巴萝尼丝的交往，成为克劳斯许多诗歌和有关女人的格言的写作灵感的源泉。

第一次世界大战的爆发，是克劳斯写作生涯的一个重要转折点。战争开始后，经过几个月的沉默，他像一个愤怒的编年史家一样开始鞭挞他的时代。他首先注意到语言——人类文明最本质的形式——正在这场战争中面临毁灭。他写道："这场战争中，真正存亡攸关的是语言的生与死。"1915至1917年间，克劳斯创作了规模宏大的诗剧《人类的末日》，共5场209幕，加上序幕和尾声各10幕。该剧第一稿陆续发表在《火炬》杂志上，其中一部分由克劳斯本人在战时作过公开朗诵。他在世时，只有该剧的尾声《最后一夜》在舞台上演出过。此剧以一个报童的声音开始，在上帝的声音中结束。剧中有上百个不同的场景，维也纳和柏林的街道、办公室、军队的路障、教堂、咖啡馆、娱乐场所、伤兵医院、火车站和前线阵地等，出场的人物有诗人、大学教授、妓女、政客、商人、士兵、阿谀奉承之徒、儿童、教士、新闻记者、小丑、编辑和皇帝等。通过人物的对话与独白，克劳斯狠狠地刺进人类存在的悲剧本质。按照左恩教授的话说，克劳斯试图使语言成为人类生命走向死亡历程的道德索引。[①]

战后，克劳斯的写作基本上是他理想幻灭过程的写照。生活在战后奥地利新成立的共和制度下，他发现自己成了一个“祖国忠诚的仇恨者”。他把奥地利共和国称作“帝国残留的寄生物和戴着假发的革命的脑袋”。18 世纪 20 年代的大部分时间，克劳斯除了用文章进行论战外，还旅行于欧洲各国之间进行公开朗诵，向听众朗读他的诗歌、散文和戏剧作品。他一生热爱奥芬巴赫的音乐，因此常常把奥氏的独幕轻歌剧改编成话剧，在钢琴伴奏下当众演出。

1933 年纳粹在德国执掌政权后，克劳斯写了《瓦普吉斯的第三夜》[②]，借用歌德的《浮士德》中的一节讽喻第三帝国。他在书中使用了一种夸张而富于启示性的语言，生动地描绘出一幕他所处时代的恶魔们的聚会。1933 年，《火炬》杂志有 10 个月没有出刊，年底时出了

---

① 见《卡尔 · 克劳斯格言选》英文版译者前言，第 8 页。

② 书名借用歌德的《浮士德》中的章节，其中的“第三夜”也暗指当时已篡夺德国政权的纳粹第三帝国。

总第888期，只有4页，登载了克劳斯悼念他死去的好友阿道夫·鲁思的祭文，另外还有他写的最后一首诗，诗结尾的一句是："语词已经失效，当世界醒来。"克劳斯显然又一次强烈感到语言正处于垂死的险境，而人类的精神力量在纳粹疯狂的权力扩张面前显得那么软弱无力。尽管如此，他并没有加入当时奥地利左翼知识分子纷纷参加共产党或移居国外的潮流，虽然他这么做使他的许多友人感到失望。《火炬》的读者群不断缩小，克劳斯不但没有抱怨，反而感到更加欣慰，因为他始终认为,《火炬》的读者不应仅仅是那些渴望听到"时代号角"的人，也应是那些对莎士比亚、内斯特罗[①]、奥芬巴赫和德语语言感兴趣的人。有人认为克劳斯到晚年以后，论战精神大大地减弱了，开始隐退进文学和语言的幽闭世界里去。

1936年6月12日，由于长时期的身心交瘁，克劳斯死于心力衰竭。死亡对他来说几乎是一种幸运，使得这位终生秉持人道主义精神的语言大师，免于目睹纳粹德国对他的祖国的吞并和几乎全体奥地利人对亡国的欢呼。当然他也不必面对其他不计其数的恐怖行径，包括

① 约翰·内斯特罗(Johann Nepomuk Nestroy，1801 ~ 1862)，奥地利剧作家和戏剧演员，1821年初次登台演出获得成功。后写了许多戏剧，奠定了作为一个杰出的讽刺滑稽剧作家的地位。

他自己住宅的被焚毁和无数亲友死在集中营里的惨剧。最重要的是，他也免去了看到那些会令他更为痛苦的事情——人类文明堕落进地狱的情景。德国批评家弗朗克·菲尔德对此曾说道："……一切似乎都如这位讽刺大师最悲观的洞见和预示那样发生了：布痕瓦尔德的集中营周围环绕着歌德故居的山毛榉树；人们整齐地排着队走进奥斯维辛集中营时，监狱的另一侧乐队正在演奏奥芬巴赫的音乐。读过克劳斯的作品之后，所有这一切罪恶都变得更为容易理解。"①

---

①［德］弗朗克·菲尔德(Frank Field)：《人类最后的日子：卡尔·克劳斯和他的维也纳》，纽约圣马丁出版社，1967年，第212页。

附：卡尔·克劳斯短文三篇

我的狭窄的视野

我相信我可以这样对自己说：我对犹太教义的领受只到《出埃及记》。因而，我绝不参加围着金牛犊跳舞的仪式。由此我便成为这样的人：一个捍卫上帝的人，同时又是一个误入歧途的民族的复仇者。

一个熟人告诉我，他经由大声朗读我的文章得到了一个妻子。我当然把这件事看作我生活里最了不起的成就之一。有时我想，我自己可能也会多么轻而易举地陷入同样不幸的处境。

我用笔不停地戳着奥地利这具尸体，因为我固执地相信那里面还有生命。

受到他人的反对通常是我写作的前提。举例来说，我写的文章抨击了某些人的生活。我当然从来不会因为某人的个人原因而抨击一个人，即使这人有名字。如果我是新闻记者，我会为谴责国王而感到自豪。可是我所做的只是给一群马车夫套上挽具。如果有人因此觉得受了冒犯，那他或她一定是患了自大狂。假如我提到他们的名字，仅仅因为那样做会增加讽刺的效果。经过许多年时间，我的受害者们应该早就经受了足够的训练，不必再为此感到痛苦了。

我经常被人指责为不公正，他们要求我从事物的各个方面去观察问题。我按这种要求做了，希望效果更好。但我发现这样做了之后结果并没有任何不同，于是我又回到从前的做法——只从一个角度看问题。这样一来不但节省了大量精力和时间，也不必再因为不达期望而感到失望。一开始就把一件事当作坏事看待，使个人偏见成为一个坚实的借口，是令人非常愉快的做法。

我和公众相互都非常理解对方：他们从来不听我在说些什么，我也从来不说他们想要听的。

倘若有人说我爱好虚荣而又卑鄙自私，我知道他在内心里是信任我的。他肯定有些事要向我忏悔。

由于视野的褊狭，我忽略了阅读一张带有如下标题的报纸："1869年奥地利、法国和意大利之间的秘密谈判"、"波斯地区的改革运动"、"克罗地亚政府首脑的任命"、"土耳其政府与都主教的对抗"。在拒绝读这张报纸以后，我发现自己的视野稍稍扩大了一些。

如果我对向我致意的人回礼，那仅仅是在把他们的致意退回给他们。

我把那些我拒绝向其致意的人分为四种。第一种人我不致意是因为我不想对他们妥协，这些人最容易对付。第二种人我拒绝致意是不让他们有机会对我妥协，对付这些人要多付些精力。第三种人我不致意是因为不愿读他们写得很糟的书，对付这类人更难一些。最后一种人我不致意是因为不想回到我没写好的书里去，做到这件事要有很强的意志力才行。我想我已经练习得相当不错了：在拒绝向别人打招呼时，我设法体现出所有上面提到的细微差别，以便使不同的四类人分别得到公正的对待。

我削尖我的对手使他们适合于我的弓箭。

我可以激怒他们，但一一去平息他们的怒火则超出我的能力。

有人想杀死我，也有人想花一两个小时和我聊聊天。法律只保护我不受前者的危害。

人对孤独的需要无法通过独自坐在一张餐桌旁得到满足，桌旁必须还要有空椅子。如果侍者把一把没人坐的椅子拿走了，我就会感到空虚，想与人交谈的愿望就会升起。我不能在没有空椅子的情形下生活。

世上没有什么想法比沙文主义和种族歧视更狭隘的了。对我来说，所有人种一律平等：到处都有笨蛋、蠢货和傻瓜。我对他们的轻蔑一视同仁。这样做时我没有丝毫偏见。

由于法律禁止个人收养野生动物，而我又对宠物没有喜好，所以我只得过单身生活。

谜底里的谜语

在剧院里，你坐在一个高处的位子上，从那儿向下看观众只是一个黑暗的群体，这样一来，你就不会觉得有受到搅扰的不安感了，就像演员在台上感觉到的一样。最叫人不舒服的就是：你能将个人从人群里区分出来。

当我把写好的文稿送到印刷厂去时，我从来不信任他们。一个戏剧家怎能依赖演员的嘴呢？

一个艺术家在艺术上让步，就像一个奥地利游客在国外试图让人明白他说的结结巴巴的德语。艺术家能成就的甚至比这还少。

只有能从谜底中猜出谜语的人，才是一个艺术家。

为什么艺术家们总是搅在一起？难道维苏威火山非要欣赏埃特纳火山？到了最后，一种相互忌恨的女人式的关系就会出现：看谁更能唾骂对方。

艺术家有必要保持谦逊，但也有责任保持虚荣。

一个艺术家应该对倾听者让步，这就是为什么布鲁克纳把他的一部交响曲题献给上帝的原因。

当代文学——病人开出的药方。

如果有人想真正贴近我的作品，他必须读上两遍才行。当然我不反对自己的作品被阅读三遍。不管怎样，我宁愿一个人完全不读我的东西，也不愿他只读一遍。对于一个偶尔心血来潮又没有时间的傻瓜，我不愿负任何责任。对世上所有的作品都必须阅读两遍，无论那是个优秀作家还是个糟糕的作家。这样做可以使前一种人得到确认，后一种人被剥去伪装。

一个优秀的文体家在工作时应该充满自我陶醉的愉悦。他必须使自己客观化到这样的程度：他开始忌妒眼前的文字，而且不得不唤醒自己才能意识到他自己就是创造者。简言之，他必须极端客观。

人们愚蠢地把这种情形称作自大。

如果你想对一个朋友作最清醒的判断，求助于你的梦。

一个善于模仿声音的演员把一根牙签扔进后台，发出一声巨响。他又扔了一根牙签，又发出一声巨响。这次他把一根羽毛举在空中——又是一声巨响，而他还没有将羽毛扔出去。他用一种虚设的因果关系打趣逗乐。这一幽默的本质是：人类事物的回声比事物本身要大得多。最好的证实回声的办法是：不去给那些事物捧场。

讽刺作品如果被新闻检查官所理解，就理应受到查禁。

如果我用了一个人的名字来增加讽刺效果，人们就表示反对，说那个人不应该因为他的名字受到嘲弄，就像他也不应该因为缺少天分受责备一样。不过我却认为，他应该由于愚蠢而受惩罚。人们也许会争辩说，一个天才也可能会有一个同样的名字。这么说并不对，因为一个天才的名字也可以令人发笑。在一种嘲弄的气氛里，如果一个蠢货的名字叫歌德，我们也同样会嘲笑他。

为什么人们如此傲慢无理地对待文学？因为他们懂得语言。就艺术形式而言，如果互相唱歌、互相涂抹颜料或互相抛掷石膏也是人们使用的交流方式，他们也会采取同样的轻慢态度。不幸的是，文学使用的材料和大众每天使用的交流工具没有什么区别。这就是文学陷于无可救药的原因。

文学离可读性越远，大众越是纠缠不休，仅仅因为他们也使用语言。文学能做的至多是不断建构自己的秘密形态，直到有一天法律禁止人们使用语言，而只允许他们在紧急情况下使用手势。但到了此种法律出现的那一天，人们可能已经学会了用一幅静物去回答咏叹调："今天的生意怎么样？"

"他这人精通德语。"[1]这样说对一个推销员是恰当的。对一个艺术家来说，他永远是语词的仆人。

---

① 原文为"He masters the German language"。Master 此处虽是动词，意思是精通、掌握，但根据字根亦有"成为……主人"的意思，故后面有"仆人"一说。

亨利希·海涅大大弄松了德语的紧身内衣，致使今天每一个小推销员都可以揉搓她的胸脯。

一篇编者按语可以被翻译成另一种语言，但一首诗却不行。因为，一个人可以赤裸着身子跨越国界，但却不能没有皮肤。不像衣服，一个人不能换一身新皮肤。

一句格言并非与真理刚好相符。它或者是半个真理，或者是一个半真理。

如果我的写作没有进展，那是因为我撞上了语言的墙壁。我只得把碰得头破血流的脑袋缩回来，重新开始。

我的语言：一个由平凡的娼妓变成的处女。

并非为了女人却反对男人

一个多么完美的世界：男人用发泄心中的欲望责备女人。

奥伯龙们永远不明白为什么泰塔妮亚会拥抱一头驴，因为鉴于他们较小的性欲，他们甚至没有能力去拥抱一头母驴。但当他们恋爱时，他们自己就变成了驴。

对性生活的见识属于艺术范畴，与教育无关。但有时却要给文盲把这些事讲清楚。总的来说，这是一件教文盲识字的工作，因为正是他们起草刑法。

贞洁总是有它说话的机会。它有时产生粉刺，有时产生性法律。

性教育的确有其合法性，因为它总是不能及时地让女孩子知道，如何使小孩不来到这个世界上。

对于女人成为娼妓和擅长卖淫的神秘能力，道德禁律已经行使了正义，它创造了两个为一夫一妻制而设的职位：情妇和皮条客。

基督教使用好奇这道开胃小菜丰富了淫欲的主菜，接着又用忏悔这道饭后甜食葬送了这顿美餐。

芭蕾舞女演员的性感表现在她们的腿上，男高音的性感则体现在他们的歌喉上。这就是为什么女人对男高音的想法和男人对芭蕾舞女演员的感觉总是错误的原因。

我抨击男人，但并非为了女人。

娶一个婚前同别人有性关系的女人被看作不合习俗，而同一个从前结过婚的女人私通却顺理成章。

如下情形被视为正常：

在一般意义上崇尚处女贞洁，在个别情况下引诱处女失贞。

普天之下最为不幸的莫过于这样一个拜物主义者：他渴求一只女人的鞋，却不得不和整个女人一起生活。

一个健康的男人满足于一个女人；一个淫荡的男人满足于经由一条丝袜去勾引女人；一个病态的男人满足于那条丝袜。

一个女人的眼睛应该是我的想法的镜子，而不是她自己想法的镜子。

一个女人偶然也可以成为一个男人手淫的代用品。为了做到这件事需要大量的想象力。

很多东西在餐桌上淡然无味，但在床上却极有滋味；或者相反。大多数两性之间偷情令人失望的原因，就是因为人们从不区别这种餐桌上和床上的不同。

女人至少还有高雅的服饰；男人用什么来遮掩他们的空虚和贫乏呢？

幽默是专制独裁者的敌人（代跋）

写这本书的时候，自始至终我都遭到一种巨大的挑战，那就是我的师长和朋友——复旦大学出版社社长贺圣遂先生的质疑，他在每一次听完我喋喋不休地有关犹太文化和犹太思想的陈述之后，总要这样说：“你又不懂希伯来文，你又没和几个犹太人打过交道，你怎么保证你讲得是正确的？你讲得所谓的犹太式幽默，和中国人的幽默究竟有多大区别？这可能是一个伪概念啊！”

与其说最早写这本书是一种兴趣，后来则变成了“命题作文”，我必须回答贺兄的挑战，“犹太式幽默”绝不是一个“伪概念”——通过我近20年来对犹太文化的学习和探索，几乎每个犹太人身上确实有一种与众不同的“幽默”的味道。无论是爱因斯坦，还是海涅；无论是“股市教授”科斯托拉尼，还是那个可笑的老头“美国公关之父”爱迪，他们的思想和智慧早以一种非常独特而幽默的方式融进了他们的血液之中。幽默不仅是他们的一种生活方式，更是他们迎接挑战和寻找幸福生活的一把钥匙，为他们身上增添了神秘的色彩和迷人的魅力。

俄国的犹太诗人曼德尔施塔姆曾写过一首非常幽默的诗,因讽刺和调侃斯大林而被捕。这首诗的名字叫《斯大林警句》，诗中写道：

我们的生命再也不能感觉到脚下的大地。
十步之外你们就难以听到我们的声息。

但无论何时都会有人在议论，
克里姆林宫的山里人，

他的手指是十只肥厚的虫子，
他的话犹如标准的砝码，

可笑的大蟑螂趴在上嘴唇，
长筒靴铿亮。

身边围了一群细脖子的头头脑脑，
他戏弄着这些不人不鬼的歌功颂德家伙们：

有的吹口哨，有的学猫叫，还有人假哭。
唯有他指指戳戳，一个人在那儿咆哮。

他伪造的一道道“法令”就像马蹄铁，
嵌入腹股沟，嵌入前额、太阳穴和眼睛。

处决这个词在他的舌头上浆果般滚动。
他想紧抱住它犹如家乡的老朋友。

犹太人几千年流离失所，处于弱势地位，因此只敢“自嘲”而不敢讽刺。曾几何时，偏偏又出现了类似曼德尔施塔姆这样非常“另类”的犹太人，不仅要“嘲弄”权威，还要革命，并以一种怪异的方式让“敌人”哭笑不得。曼德尔施塔姆差点因此诗被处决，幸亏有布哈林和另一位犹太大作家帕斯捷尔纳克的奔走呼号，曼德尔施塔姆才免于难。但这首诗却真正道出了“犹太式幽默”和犹太文化精神的精髓——他们是所有专制独裁者的敌人，他们捍卫人类的尊严和精神的自由。在一个专制极权控制的野蛮时代，人们普遍缺乏幽默感，大多数人精神压抑和思想麻木。因此，“自由”是“犹太式幽默”的真谛。

还是奥地利犹太诗人傅立特在《现状》一诗中写得好：

谁想要
世界
像它现在的模样
继续存在
他就不想要
世界继续存在

在这首幽默的诗中，不仅在语言游戏中射出了一颗子弹，而且展现了诗人深刻的思想和批判的力量。

这也是真正的“犹太式幽默”。

贺雄飞

2015 年 10 月 19 日于北京

附录：本书主要参考文献

1．徐新、凌继尧主编：《犹太百科全书》，上海人民出版社，1993 年 8 月版。

2．亚伯拉：《犹太人为什么聪明》，中央编译出版社，2007 年 1 月版。

3．赛妮亚编译：《塔木德》（精编彩插本），重庆出版社，2008 年 1 月版。

4．亚伯拉编著：《货币战争中的犹太人》，中国书籍出版社，2008 年 2 月版。

5．亚伯拉：《羊市思维：犹太人百年股市操作的智慧与策略》，中国书籍出版社，2008 年 2 月版。

6．亚伯拉编著：《犹太箴言录》，中央编译出版社，2007 年 5 月版。

7．贺雄飞：《经济学的香槟：22 位诺奖得主对经济危机的预测与反思》，世界知识出版社，2009 年 5 月版。

8．贺雄飞：《犹太式管理：千年不衰的智慧与实践》，上海三联书店 2009 年 6 月版。

9．贺雄飞：《学习是一种信仰：犹太人教育和创造力的奇迹》，人民日报出版社，2009 年 6 月版。

10．贺雄飞：《知识是甜蜜的：千年不衰的犹太家教智慧》，华夏出版社，2009 年 11 月版。

11．[英] 以色列 · 亚伯拉罕：《快乐书》，安宁译，广西师范大学出版社 2005 年 8 月版。

12．[美] 伍迪 · 艾伦：《门萨的娼妓：伍迪 · 艾伦幽默文集》，孙仲旭译，生活·读书·新知三联书店出版社，2004 年 12 月版，第 151 页。

13．[美] 理查德·席克尔：《伍迪·艾伦：电影人生》，伍芳译，广西师范大学出版社 2006 年 6 月版。

14．[以色列] 基翁：《现在可以说了：犹太智者基翁幽默文选》，吴远恒、夏平译，上海文汇出版社，2004 年 7 月版。

15．[法] 让·诺安：《笑的历史》，果永毅、许崇山译，人民日报出版社 2009 年 4 月版。

16．易红霞：《诱人的傻瓜：莎剧中的职业小丑》，中国社会科学出版社，2001 年 9 月版。

17．[德] 歌德等：《莎剧解读》，张可、元化译，上海教育出版社，1998 年 5 月版。

18．傅晓微：《上帝是谁：辛格创作及其对中国文坛的影响》，人民文学出版社，2006 年 10 月版。

19. [美] 本杰明 · 卡多佐 :《司法过程的性质》，苏力译，商务印书馆 2007 年 7 月版。

20. [英] H.L.A，哈特 :《法律的概念》，许家馨、李冠宣译，法律出版社，2006 年 6 月版。

21. [美] 约翰 · 罗尔斯 :《正义论》，何怀宏等译，中国社会科学出版 1988 年 3 月版。

22. [奥地利] 凯尔森 :《纯粹法理论》，张书友译，中国法制出版社，2008 年 12 月版。

23. [美] 伯纳德 · 马拉默德 :《魔桶——马拉默德短篇小说集》，吕俊、侯向群译，译林出版社，2001 年 5 月版。

24. [美] 约瑟夫 · 海勒 :《第二十二条军规》，杨恝等译，译林出版社，1998 年 9 月版。

25. 陈永国 :《海勒》，四川人民出版社，2001 年 9 月版。

26. [加] 诺思罗普 · 弗莱等 :《喜剧 : 春天的神话》，傅正的等译，中国戏剧出版社，2006 年 12 月版。

27. [美] 诺曼 · N · 霍兰德 :《笑 : 幽默心理学》，潘国庆译，上海文艺出版社，1991 年 9 月版。

28. 王树昌编 :《喜剧理论在当代世界》，新疆人民出版社，1989 年 6 月版。

29. [美] 维塞尔:《一个犹太人在今天》，陈东飚译，作家出版社，1998 年 7 月版。

30. [法] 罗伯尔 · 埃斯卡尔皮特《我知道什么？丛书》,《幽默》, 卞晓平等译, 商务印书馆 2004 年 10 月版。

31. 李静编 :《幽默二十讲》，天津人民出版社，2008 年 10 月版。

32. [俄] 安·陀·西尼亚夫斯基著:《笑话里的笑话》，薛君智等译，中国文联出版社，2001 年 3 月版。

33. [英] 西蒙 · 克里奇利 :《你好，幽默》，刘冬昕等译，广西师范大学出版社，2007 年 5 月版。

34. [德] 鲁道夫 · 赫尔佐克 :《希特勒万岁，猪死了！》，卞德清等译，花城出版社，2008 年 1 月版。

35. [俄] 尼古拉 · 别尔嘉耶夫 :《历史的意义》，张雅平译，学林出版社 2002 年 6 月版。

36. 李炽昌、游斌 :《生命言说与社群认同 : 希伯来圣经五小卷研究》，中国社会科学出版社 2003 年 10 月版。

37. [法] 柏格森 :《笑》，徐继曾译，北京十月文艺出版社 2005 年 1 月版。

38. 陈孝英等编 :《幽默理论在当代世界》，新疆人民出版社，1987 年 4 月版。

39. 陈孝英等 :《漫话幽默》，新疆人民出版社，

1988 年 4 月版。

40. 吴冶等编:《名人学者论幽默》,新疆人民出版社,1989 年 12 月版。

41. 陈孝英等 :《一位被人遗忘的天才》,陕西人民出版社,1988 年 12 月版。

42. 陈泽环编译 :《天才的幽默——爱因斯坦逸事录》,上海社会科学出版社,2000 年 2 月版。

43. [瑞士] 萨 · 兰德曼选编 :《犹太幽默笑话》,冬云等译,外国文学出版社 1992 年 11 月版。

44. [美] 约瑟夫 · 海勒《上帝知道》,史国强等译,春风文艺出版社 1988 年 10 月版。

45. [美] 大卫 · 格罗斯编 :《一年笑到头》,张建青等译,海南出版社 1999 年 8 月版。

46. [美]约瑟夫·海勒:《美纳汉 – 曼德尔》,戴聪译,江西人民出版社 1980 年 7 月版。

47. [美] 尼尔顿·邦德:《犹太人思考术》,晴天译,天津教育出版社,2009 年 5 月版。

48. 刘洪一 :《走向文化诗学 : 美国犹太小说研究》,北京大学出版社 2002 年 12 月版。

49. 姜列青编译 :《俄罗斯笑话与幽默》,中央编译出版社,2004 年 7 月版。

50. 韵声编译 :《犹太人的幽默与智慧》,哈尔滨出版社，2002 年 8 月版。

51. [丹麦] 克尔凯郭尔:《论反讽概念》，汤晨溪译，中国社会科学出版社，2005 年 12 月版。

52. [意] 莫拉维亚 :《罗马故事》，沈萼梅等译，上海译文出版社，1998 年 8 月版。

53. [美] Edward J.Clode 编 :《幽默艺术》，亢海宏等泽，百花文艺出版社，2009 年 4 月版。

54. [美] 赫伯 · 特鲁 :《论幽默》，程永富等译，成都科技大学出版社，1988 年 3 月版。

55. [俄]曼德尔施塔姆:《时代的喧嚣》,黄灿然等译，作家出版社，1998 年 7 月版。

56. [英] 查理 · 卓别林 :《一生想过浪漫生活 : 卓别林自传》，叶冬心译，国际文化出版公司，2004 年 7 月版。

57.《肖洛姆 – 阿莱汉姆幽默小说集》，汤真译，二十一世纪出版社，2007 年 5 月版。

58. 梅绍武 :《西园拾锦》，河北教育出版社，1999 年 3 月版。

59.《里柯克幽默小品选》，萧乾、文洁若译，百花文艺出版社，2005 年 5 月版。

60. [美] 伦纳德 · 莫斯著 :《阿瑟 · 米勒评传》，中国戏剧出版社，1991 年 12 月版。

61. ［奥地利］埃里希·傅立特：《傅立特诗选》，马文韬译，人民文学出版社，2004 年 9 月版。

62. 陈家琪：《浪漫与幽默》，江西人民出版社，1998 年 10 月版。

63. 老舍：《幽默小品集》，文汇出版社，2009 年 1 月版。

64. ［美］孙隆基：《中国文化的深层结构》，广西师范大学出版社，2004 年 5 月版。

65. ［英］埃利亚斯·卡内蒂：《耳中火炬》，陈良梅等译，新星出版社，2006 年 12 月版。

66. 王学泰：《中国人的幽默》，同心出版社，2005 年 11 月版。

67. ［加拿大］雷内特·本森：《德国表现主义戏剧——托勒尔与凯译》，汪义群译，中国戏剧出版社，1992 年 8 月版。

68. ［法］弗雷德里克·阿斯特吕克：《科恩兄弟的电影》，刘娟娟译，江苏教育出版社，2006 年 12 月版。

69. ［奥地利］奥托·魏宁格：《性与性格》，肖肃译，中国社会科学出版社，2006 年 9 月版。

70. 林语堂：《从异教徒到基督徒：林语堂自传》，谢绮霞等译，陕西师范大学出版社，2007 年 2 月版。

71. 亚伯拉编：《艾·辛格的魔盒》，中央编译出版社，

2006 年 6 月版。

72. [美] 艾 · 巴辛格 :《魔术师 · 原野王》，陆煜泰等译，漓江出版社，1992 年 2 月版。

73. 傅景川 :《二十世纪美国小说史》，吉林教育出版社，1996 年 4 月版。

74. 王宁主编 :《诺贝尔文学奖获奖作家谈创作》，北京大学出版社，1987 年 4 月版。

75. 黄铁池 :《当代美国小说研究》，学林出版社，2000 年 6 月版。

76. [美] 辛格 :《卢布林的魔术师冤家，一个爱情故事》，鹿金等译 ，上海译文出版社，1998 年 12 月版。

77. 《辛格短篇小说集》，叶廷芳等译，外国文学出版社，1980 年 9 月版。

78. 毛信德 :《美国小说发展史》，浙江大学出版社，2004 年 11 月版。

79. [美] 迈克尔 · 曾伯格编 :《经济与大师的人生哲学》，侯玲等译，商务印书馆，2002 年 12 月版。

80. 董衡巽主编:《美国文学简史》，人民文学出版社，2003 年 1 月版。

81. 车成安主编 :《世界犹太裔文化名人传》，中国工人出版社，1996 年 1 月版。

82. 刘洪一主编 :《犹太名人传》（文学家卷），河南文艺出版社，2002 年 3 月版。

83.［美］罗伊红 · 戈登 :《塞缪尔 · 贝克特和他的世界》，唐盈等译，敦煌文艺出版社，2000 年 7 月版。

84.［英］A. 阿尔凡雷 :《贝克特》，赵月瑟译，中国社会科学出版社，1992 年 8 月版。

85. 焦洱等 :《贝克特——荒诞派文学大师》，长春出版社，1995 年 10 月版。

86.［英］詹姆斯·诺尔森文，约翰·海恩斯摄影:《贝克特肖像》，王绍祥译，世纪出版集团、上海人民出版社，2006 年 5 月版。

87. 建钢等编译 :《诺贝尔文学奖颁奖获奖演说全集》，中国广播电视出版社，1995 年 10 月版。

88.［美］保罗 · 萨缪尔森 :《中间道路经济学》，何宝玉译，首都经贸大学出版社，2000 年 3 月版。

89.［美］史蒂文 · 普雷斯曼 :《五十位经济学家》，陈海蓝等译，江苏人民出版社，2005 年 8 月版。

图书在版编目（CIP）数据

犹太式幽默：犹太笑话中的成功智慧 / 贺雄飞著. —北京:世界知识出版社，2016.1

（犹太智慧典藏书系）

ISBN 978-7-5012-5136-0

Ⅰ.①犹… Ⅱ.①贺… Ⅲ.①犹太人–成功心理–通俗读物 Ⅳ.①B848.4–49

中国版本图书馆CIP数据核字（2015）第320757号

责任编辑　张　萱
责任校对　马莉娜
责任出版　赵　玥

书　　名　**犹太式幽默：犹太笑话中的成功智慧**
Youtaishi Youmo:Youtaixiaohua Zhongde Chenggongzhihui

作　　者　贺雄飞

出版发行　世界知识出版社
地址邮编　北京市东城区干面胡同51号（100010）
网　　址　www.ishizhi.cn
电　　话　010–65265923（发行）　010–85119023（邮购）
经　　销　新华书店
印　　刷　北京鑫海达印刷有限公司
开本印张　787×1092毫米　1/32　7¾印张
字　　数　135千字
版次印次　2016年1月第一版　2016年1月第一次印刷
标准书号　ISBN 978-7-5012-5136-0
定　　价　30.00元